# 短视频企业号
## 运营实战

杨闯世 著

- 品牌营销
- 产品推广
- 业绩提升
- 私域沉淀

中国科学技术出版社

·北 京·

**图书在版编目（CIP）数据**

短视频企业号运营实战 / 杨闯世著 . —北京：中
国科学技术出版社，2021.11
ISBN 978-7-5046-9197-2

I. ①短… II. ①杨… III. ①企业管理—网络营销
IV. ① F274-39

中国版本图书馆 CIP 数据核字（2021）第 188568 号

| | |
|---|---|
| 策划编辑 | 申永刚　龙凤鸣 |
| 责任编辑 | 龙凤鸣 |
| 封面设计 | 中科星河 |
| 版式设计 | 锋尚设计 |
| 责任校对 | 吕传新　张晓莉 |
| 责任印制 | 李晓霖 |

| | |
|---|---|
| 出　　版 | 中国科学技术出版社 |
| 发　　行 | 中国科学技术出版社有限公司发行部 |
| 地　　址 | 北京市海淀区中关村南大街 16 号 |
| 邮　　编 | 100081 |
| 发行电话 | 010-62173865 |
| 传　　真 | 010-62173081 |
| 网　　址 | http://www.cspbooks.com.cn |

| | |
|---|---|
| 开　　本 | 880mm×1230mm　1/32 |
| 字　　数 | 155 千字 |
| 印　　张 | 7.75 |
| 版　　次 | 2021 年 11 月第 1 版 |
| 印　　次 | 2021 年 11 月第 1 次印刷 |
| 印　　刷 | 北京盛通印刷股份有限公司 |
| 书　　号 | ISBN 978-7-5046-9197-2/F · 945 |
| 定　　价 | 69.00 元 |

（凡购买本社图书，如有缺页、倒页、脱页者，本社发行部负责调换）

# 目录

## 第1章 短视频企业号：
### 5G 时代的全新营销模式

## 第2章 建立阵地：
### 短视频企业号的定位与设计

# 第3章 选品逻辑：
## 爆红基因决定产品流量

# 第4章 内容策略：
## 爆款短视频的策划与制作

# 第5章 内容运营：
## 从 0 到 1 启动第一拨流量

# 第6章 渠道引流：
## 公域 + 商域，引爆百万流量

# 7 短视频+直播：
**第 章** 打造闭环式流量变现系统

# 8 用户运营：
**第 章** 强化私域流量，构建品牌护城河

第 **1** 章

# 短视频企业号：
## 5G时代的
## 全新营销模式

5G 时代，短视频将爆发出更强大的力量，企业也将迎来全新的营销机遇与挑战。相对于零散的个人短视频账号来说，经过认证的企业短视频账号将对企业品牌的塑造、企业产品的宣传产生更为深远的影响。

# 1 短视频企业号成为企业营销的新阵地

2018年6月1日，抖音短视频全面开放企业入驻，抖音企业号认证平台随即正式上线，很快就吸引了小米手机、京东、支付宝、网易、良品铺子、肯德基、必胜客、哈尔滨啤酒、饿了么、美团外卖等众多知名企业入驻。随后，快手、小红书、视频号等各大短视频平台也相继推出企业号服务，自此短视频企业号开始成为企业营销的新阵地。

在2020抖音企业号生态大会上，巨量引擎企业营销业务负责人穆建鑫表示，截至2020年11月，抖音企业号账号已达到500万个，其中共有29个行业、295个细分行业的企业选择了抖音企业号；企业号发布的内容每日点播量达200亿次；平均1个企业号视频能带来18个商机。

2020年1月22日，微信开启了内测的微信视频号平台，仅用一年时间它就成为短视频行业的领跑者之一。视频号在企业未来的营销规划中必然占据重要位置，"微信之父"张小龙在2021年微信之夜的演讲中就明确提到，视频号有望成为每个机构的"官网"，下一个微信版本会有直播入口，并且会具备电商能力，可以挂第三方小程序。虽然微信的视频号平台暂时还未开通企业号注册通道，但企业同样可以通过"企业（机构）认证"的方式开通视频号平台上的"企业号"。

企业号是短视频平台针对企业营销的诉求而提供的"内

容+营销"平台，需要以企业组织的形式进行认证后才可以正式运营。企业号认证的要求和流程，不同的短视频平台也各有不同，具体要求和流程可咨询短视频平台官方。

企业号认证之后会拥有一些功能特权。以抖音平台为例，企业号拥有官方企业标识、企业直播、智能剪辑工具、零门槛开通购物车、昵称唯一、商家主页、全昵称搜索置顶、粉丝标签管理等功能特权。这些功能特权不仅有助于增强企业品牌的官方权威性，建立起用户对平台的信任感，也可以帮助企业推广产品，吸引更多有价值的客户，低门槛实现在线交易。

"洪叶羊绒洪陵"就是一个典型的借助抖音企业号营销实现销量翻盘的案例。"洪叶羊绒洪陵"企业号的短视频内容以羊绒科普知识和羊绒穿搭技巧分享为主，仅运营一年就收获了50多万喜欢羊绒的优质粉丝。抖音平台发布的《2020抖音企业号服装行业白皮书》显示，"洪叶羊绒洪陵"年销售额超1500万元，高峰时期，其一晚上的销售额可达40万元。

从一个人独立运营企业号、经营企业，到拥有40多人的企业团队，其中洪陵投入了5人规模的专职企业号运营团队，"洪叶羊绒洪陵"企业号的发展堪称短视频企业号运营的经典案例。正是因为有专职团队制作短视频，用心运营，"洪叶羊绒洪陵"企业号才能保证其发布的短视频质量，及时与粉丝互动，提供优质的服务。这也是"洪叶羊绒洪陵"企业号运营成功的秘诀所在。

2021年春节期间，抖音企业号又上线了三个新功能：品牌名、员工号、团购。品牌名可以帮助企业获得品牌唯一性、品牌多样性、品牌信息保护等多项权益，多重维度实现品牌经营。员工号则可以实现企业号和员工个人账号双向绑定，打造企业的抖音营销矩阵，比如员工可使用企业专属的团购、预约等功能特权。团购是以组件的形式在短视频、直播间、企业号主页、抖音门店等各个黄金位置进行展示，吸引用户的注意力，实现营销转化。

营销功能的不断完善凸显了抖音平台积极布局电商闭环的决心。在以"THRIVE"为主题的2021引擎大会上，抖音平台提出了"阵地思维"，即以企业号为阵地，通过短视频的沉淀内容打造品牌形象，通过广告信息沉淀粉丝提升品牌的曝光度，然后再借助抖音门店、直播等方式提升粉丝转化率和复购率，最终实现电商闭环。

"阵地思维"的本质是阵地经营，是从流量思维转向运营思维。让企业入驻短视频平台最初的吸引力可能是流量，比如与关键意见领袖（Key Opinion Leader，KOL）合作创作、发布短视频，短期内能够让企业获得大量流量，快速提升品牌影响力，提高产品销量。这种方式就像传统的广告投放，但短视频平台显然不只是媒体平台，它还有更多的功能待被开发，还有更多的营销机会待被发现。

企业要想抓住短视频企业号的营销机遇，就必须重视阵地经营，在流量获取的基础上进一步做好流量经营——把流量变成粉丝，把粉丝激活为用户，把新用户沉淀为老用户，实现持续不断的商业变现。

在中国经济飞速发展的过程中，短视频企业号成为企业营销的一个新阵地，要想真正发挥其价值，首先需要企业管理者转变思维，把短视频企业号运营纳入企业日常的经营管理工作中；其次还需要企业管理者有长期经营的意识和准备，从短视频企业号定位、内容策划与运营、流量获取与变现、用户经营等多个维度全面发力，打造全方位、立体化的营销阵地。

## ② 短视频企业号运营背后的用户心理

短视频运营的最大难点在于商业转化，而这恰恰是短视频企业号运营的核心问题。换句话说，不以商业转化为目的的短视频企业号运营都是徒劳的。虽然短视频平台在企业入驻后都会提供一些运营课程供企业学习，也会提供一些工具帮助企业快速上手短视频内容制作与发布，但这些课程和工具实际上并不能帮助企业解决商业如何转化的问题，比如你的企业号未来以什么方式盈利、如何才能实现带货等，而这些问题的答案只能企业自己去寻找。

2019年6月，麦当劳为了推广新品椰汁饮料，在快手平台与创作歌曲《我要变好看》的快手音乐人合作，推出原创歌曲《给我一杯YE》，将麦当劳椰汁饮料作为魔法贴纸必备道具融入短视频。

除此之外，麦当劳还联动段子类、搞笑类、反串类等13个不同类型的KOL制造爆款短视频，他们将椰汁饮料巧妙地融入不同场景，分成不同的篇章进行呈现。比如在公益篇中，短视频里的主人公将麦当劳椰汁饮料送给清洁工阿姨；在搞笑篇中，男生拿麦当劳椰汁饮料哄女朋友开心。

这些巧妙植入的场景引发了用户的广泛关注。同时，粉丝也在KOL的带动下积极互动分享。他们在传播过程中分享快乐，与麦当劳品牌进行内容共创，形成线上围观、线下消费的现象。短视频营销不但提升了麦当劳品牌的传播度和影响力，还使这款椰汁饮料迅速打开市场。

不只是麦当劳，星巴克的星享卡推广、古驰（GUCCI）的"线上"接力、欧莱雅的化妆滤镜等均采取了短视频营销模式，并且取得了很好的效果。

为什么一个短视频便能引爆品牌的影响力，让一款产品的销量剧增呢？其根源就在于它激发了用户的三种消费心理，即从众心理、权威心理和求实心理，如图1-1所示。

## （1）从众心理

从众是指人们偏向群体其他成员的行为和意见的现象。从众心理也叫"羊群效应"，表明人们都有一种从众跟风的心理，其很容易导致盲从。比如一个短视频上了热搜后，会

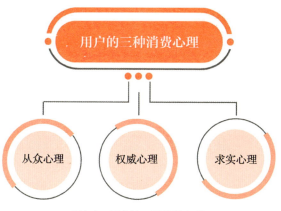

图1-1 用户的三种消费心理

有更多的用户去观看、点赞、转发；短视频里面的一款产品火了之后，就会被众多用户下单购买。

在短视频营销中，很多企业在短视频中会强调产品的销量，比如"这款化妆品已经售出5万件""累计销售25万件""累计好评10万条""这款护肤品在大学生群体中非常受欢迎""这款产品的回购率高达95%""月销1万件"等。这些话语抓住了用户的从众心理。

当用户听到这些话语时，大脑会自动产生"既然产品能销售这么多件，说明产品质量信得过""在大学生群体中非常受欢迎，说明产品性价比非常高"等想法，一旦用户产生以上想法，就会很容易下单。

## （2）权威心理

权威心理理论认为权威所具有的强大力量会影响人们的

行为，即使是具有独立思考能力的成年人也会为了服从权威的命令而做出一些事情。人们往往有推崇权威的心理，在消费形态上，多表现为决策的情感成分远远超过理智成分，比如人们常常选择购买明星、KOL代言的产品等。

一般来说，受权威心理影响的消费者往往认为权威人物是正确的模板，服从他们会使自己具备安全感，减少出错的概率。这表现为消费者常常产生"这是明星推荐的，应该有保证""既然他都为这款产品代言，说明这款产品质量不错"的想法，尤其是短视频中出镜的明星或博主在消费者心中有着良好的形象光环，带给消费者的安全感会更加明显。

所以，在短视频营销中，企业常常与KOL或明星合作，借助KOL或明星的号召力为自己带来更多的流量，并为变现提供更多可能。

### （3）求实心理

求实心理是一种以注重产品的实际使用价值为主要特征的消费心理。具有这种心理的消费者，在购买产品时会比较注重产品的实际效用和质量，追求经济实惠、经久耐用、使用方便等，相对而言不太注重产品的外形、色彩、包装等。

相关数据显示，短视频平台上销售火爆产品的价格大多在10～50元，66%的产品单价都低于100元。大部分用户在观看短视频时，对于一些超出自己消费能力太多的产品并不会想要购买，但是看到一些物美价廉的产品时，即便自己当下并不是很需要，也会产生购买冲动。基于此，企业会在短视频封面或者标题上标注"平价好物""买到就是赚到""均价不到50元""大学生必入""5元杯子，平价又好看"等字样，这些营销策略正是抓住了用户的求实心理。

总的来说，短视频企业号实现商业转化的第一步是抓住用户心理。无论是内容运营，还是产品推广、销售都需要企业从用户心理的角度去思考、运营，这样才能达到事半功倍的效果。

## 3 SICAS消费者行为模型

传统的消费模式是人们先确定购买某一款产品，然后到实体店或电商平台去选购，找到合适的产品之后再下单购买。短视频营销则改变了这种消费模式，人们在观看一个短视频时，被短视频里推荐的产品"种草"，然后点击链接下单，完成购买。短视频营销模式下的消费者行为正向SICAS消费者行为模型转变。

SICAS消费者行为模型，是全景模型，用户行为、消费轨迹在这样一个生态里是多维互动过程，而非单向递进过程，具体包括企业与用户互相感知（Sense）、用户产生兴趣并与企业形成互动（Interest & Interactive）、用户与企业建立连接并交互沟通（Connect & Communication）、用户产生购买行为（Action）、进行体验分享（Share），具体如图1-2所示。

图1-2　SICAS消费者行为模型

在SICAS消费者行为模型出现之前还有两个消费者行为模型，即AIDMA消费者行为模型和AISAS消费者行为模型。

AIDMA（Attention—Interest—Desire—Memory—Action）消费者行为模型是由美国广告学家E. S. 刘易斯（E. S. Lewis）在1898年提出的，该理论认为，消费者从接触信息到最后达成购买会经历5个阶段：注意产品、产生兴趣、产生购买欲望、留下记忆、产生购买行为。通常消费者的整个行为受传统广告、促销活动、销售人员等因素影响。

AISAS（Attention—Interest—Search—Action—Share）消费者行为模型是由日本电通广告集团在2005年针对移动互联网时代消费者生活形态的变化，而提出的一种全新的消费者行为分析模型。AISAS消费者行为模型是指消费者由过去的被动接受产品信息和营销宣传，转变为主动搜索产品的相关信息，在发生购买行为后还会将产品的相关信息分享出去，即引起关注—产生兴趣—主动搜索—采取行动—

进行分享。

在AISAS消费者行为模型产生之后出现了SICAS消费者行为模型。在SICAS消费者行为模型中，消费者获取产品信息的方式不再是AISAS消费者行为模型中的主动搜索，而是更加多元化，消费选择也更加多样性，并且他们更热衷与他人互动、分享、交流的特性也引发了更多的二次消费。笔者将从SICAS消费者行为模型的五个方面进行具体阐述。

### （1）企业与用户互相感知

SICAS消费者行为模型的第一个特征就是企业与用户互相感知。在工作和生活的闲暇时间里，人们喜欢通过观看短视频让疲惫的精神得到暂时的放松。人们观看短视频的时间呈现碎片化。因此，短视频内容应是娱乐化的，并具有极强的吸引力，能够给人们带来强烈的刺激，让人从中获得愉悦感。

所以，企业要想自己的短视频账号尽可能多地吸引用户的关注，就要制作出更具有娱乐性的短视频，让短视频内容有趣，争取在几分钟甚至几十秒的碎片化时间里获取用户的注意力。此外，在吸引用户关注短视频的同时，企业还能快速、精准地介绍品牌和产品信息。

### （2）用户产生兴趣并与企业形成互动

内容越优质的短视频越能够让用户从中看到价值，进而愿意发表自己的看法，主动与企业进行互动。

一旦企业的短视频内容让用户产生兴趣，尤其是短视频中的品牌和产品信息能够满足用户的需求，用户就会产生喜悦、愉快、满意等积极的内心体验，而这些积极的内心体验会让用户自发地关注企业的短视频账号，并与企业进行互动。换句话说，用户会点赞、评论或转发该短视频或者关注企业的短视频账号。短视频内容越优质，越能够让用户产生兴趣并与企业形成互动。具体来说，优质的短视频有以下六个特点，如图1-3所示。

图1-3  优质短视频的六个特点

**一是具有画面感。** 具有画面感主要表现为两点：第一，整体画面美观简洁；第二，短视频的文字解读能够让用户在脑海中产生画面感。例如，用户看到短视频中的产品后，脑海中会想象自己在使用这款产品时的美好场景，这种感觉就会激发用户产生互动的冲动。

**二是让用户可以多角度解读。** 这表现为短视频传递出的价值的无限性，用户可以从多角度解读，产生不同的思考。例如，用户可以在企业号的评论区发表自己的看法，也可以对企业号其他用户的观点进行评论。

**三是引起用户共鸣。** 短视频所传递出的主题价值和背后含义能够引起用户的共鸣，让用户的情绪从与企业的互动中得到释放。例如，用户会发表"这期视频太让人感动了"的评论。

**四是具有独特性和趣味性。** 独特性意味着短视频内容具有不可复制性，能够轻易地与其他短视频区别开来。趣味性是指短视频内容是有趣的，能够给用户带来乐趣。这两种特性会激发用户主动转发、分享该短视频。

**五是具有恰当的背景音乐。** 背景音乐节奏决定了短视频的情绪和基调。使用美妙的、恰当的、与短视频内容和画风相符的背景音乐不仅能够充分调动起用户的情绪，还能传递出一种无形的美感，更能吸引用户的兴趣，激发用户主动与企业进行互动。

**六是让用户产生想要追求更好生活的感受。** 这表现为短视频中的出镜人物会给用户展现出一种光鲜的、美好的形象，并让用户产生一种"买了这款产品我就跟他一样拥有美好生活"的积极感受。例如，有的企业会制作一位身穿时装的模特沐浴着阳光走在大街上的短视频，这既能传递出一种积极、健康的品牌形象，也能让用户渴望拥有短视频里呈现的生活状态。

### （3）用户与企业建立连接并交互沟通

用户对企业发布的短视频产生兴趣并与企业形成互动后，会进一步与企业建立连接并交互沟通。具体表现为当用户被短视频中推荐的产品"种草"后，用户会主动询问企业或者在评论区留言，比如"如何购买这款产品呢？""什么时候出新款呢？""这款产品适合孕妇吗？""这款产品有什么副作用吗？""有××症状能够使用这款产品吗？""这款产品有折扣吗？""什么时候会做活动呢？"等有关产品或服务的信息。有的用户还会表达自己对产品的需求，如"这款产品要是出紫色款的就好了！""如果这款产品没有亮钻设计就好了！"等。

面对这种情况，企业要及时回复用户，针对性地解答用户的提问，直至消除用户的疑问。企业还可以多举办一些折扣活动或加大优惠力度，找到用户和企业的共同利益点，主动与用户建立连接。

### （4）用户产生购买行为

当用户与企业建立连接并交互沟通之后，用户会得到更多有关产品和品牌的信息。当用户的各种疑问消除后，用户就会产生购买行为。

随着短视频带货的迅速发展，不少企业会直接在短视频中介绍购买途径或者在短视频下方插入产品链接，方便用户下单。

### （5）用户进行体验分享

2018年4月，唯品会联合艾瑞资讯发布了《种草一代·"95后"时尚消费报告》（以下简称《报告》），《报告》显示："95后"成长于社交媒体高速发展的环境，分享意愿较高，具有很强的品牌传播和"种草"能力；41.8%的"95后"会向亲友推荐好用的品牌，超过30%的"95后"会转发有用的资讯，教长辈使用应用程序。

用户因使用短视频中的产品而获得良好的体验和感受时，就会向身边人"种草"这款产品，或者去短视频下面评论，如发表自己的使用感受等。

这一行为也体现出在互联网消费时代，体验分享并非是消费的结尾，在很大程度上可以说是消费的源头。用户在体验分享时所产生的营销价值甚至可能会比短视频在传播时所产生的营销价值大。对企业来说，用户的每一次体验分享都能有效地提升品牌的影响力，提高产品的销量。

总之，SICAS消费者行为模型既是对AIDMA消费者模型、AISAS消费者模型的全面革新，又反映出在移动互联网时代，商业生态和消费者购物行为正在发生变化。所以，企业在做营销互动时，要抓住SICAS消费者行为模型的关键特征，积极地通过短视频促进产品销售，扩大品牌的影响力。

## 4 短视频企业号运营的六大误区

很多企业在运营短视频企业号时容易陷入误区，结果是企业花费了大量人力、物力，企业号运营的成效却很小。一般来说，企业在运营短视频企业号的过程中，常常会陷入以下六大误区，如图1-4所示。

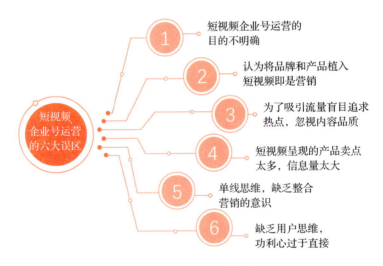

图1-4　短视频企业号运营的六大误区

### （1）短视频企业号运营的目的不明确

短视频企业号运营的目的不明确，会导致制作出来的短视频的主题和内容很混乱，无法吸引用户的目光，更不可能通过短视频推广品牌并带动产品销量。因此，明确运营目的是确保短视频企业号运营成功的关键。

一般来说，短视频企业号运营的目的有展示新品、推广品牌、直接变现、引流获客等。不同的运营目的，短视频的主题和内容也会不一样。例如，企业想要在短视频中推出一款新产品，就要根据新产品的特性制作能够展现新产品价值的短视频，让用户了解到新产品与其他产品的区别，而不是在短视频中加入引流获客的内容。

### （2）认为将品牌和产品植入短视频就是营销

不少企业认为将品牌和产品植入短视频就是营销，其实这种营销方式显然不利于短视频企业号的运营。有效的短视频企业号运营是通过合理的短视频内容创建、发布，及传播，将产品和品牌包装成短视频内容，向用户传递有价值的信息，从而达到营销的目的。例如，麦当劳将"家庭式的快乐文化"融入品牌文化中，再根据品牌文化创作短视频并发布，这样既能让用户从短视频中了解品牌文化，又能通过品牌文化提升短视频的内容品质。

### （3）为了吸引流量盲目追求热点，忽视内容品质

对于短视频来说，流量意味着热点、关注度和变现的可能。所以不少企业在运营短视频企业号时急功近利地选择用一些低俗的方式盲目追求热点、获得关注，如发布一些低俗、猎奇、敏感的短视频内容来吸引流量。这一行为不仅会降低企业在用户心中的好感度，甚至会给企业带来极大的负

面影响，还会影响短视频企业号的长期运营。

### （4）短视频呈现的产品卖点太多，信息量太大

有的企业为了提高产品的价值和对用户的吸引力，会在短视频中呈现过多的产品卖点。其实大部分用户在观看短视频时，大脑并不会做出缜密的思考，产品卖点太多反而会让他们感觉迷茫，难以留下深刻的印象。

因此，短视频中呈现的产品卖点要精练，突出其中1～2个卖点即可。例如，企业想要在短视频中推荐一款吸尘器，卖点是清洁能力强、外观时尚，就要围绕这两个卖点创作短视频并进行解说。如果短视频中既介绍该款吸尘器清洁能力强，又介绍该款吸尘器可以智能喷水，还具有小巧不占地、无噪声、外观时尚、多重过滤等特点，用户可能会觉得这款吸尘器和其他吸尘器并没有什么不同，难以产生深刻的印象。

企业应该围绕产品的1～2个卖点创作短视频，并且逻辑清晰地将卖点展示到极致，才能真正发挥出短视频的营销价值。

### （5）单线思维，缺乏整合营销的意识

不少企业在运营短视频企业号时，因为缺乏整合营销的意识，所以对短视频的运用往往局限于发布短视频广告或者展示创意制作。其实企业要想最大化地发挥短视频企业号的价值，就要将品牌营销、广告营销、数据营销和人员推销等

方式整合起来运用到短视频企业号运营中。

此外，短视频整合营销还表现在要根据企业所处的不同市场环境和不同发展阶段，采取不同的营销策略。例如，刚成立的企业品牌与底蕴深厚的企业品牌所使用的营销策略自然是不一样的，前者更注重通过短视频向用户展示品牌的内涵，通过宣传让用户知道市场上现在出现了一个新品牌；后者则更注重向用户展示该品牌在新时代的新变化和新内涵，进一步提升品牌的价值，提高用户的忠诚度。

## （6）缺乏用户思维，功利心过于直接

虽然站在企业的角度可以理解企业想要通过短视频变现的方式实现盈利，但是站在用户的角度看，只有企业发布的短视频给自己持续提供有价值的内容，企业才能让自己认可、关注，直至购买它的产品。所以，企业在运营短视频企业号时，绝对不能抱有急功近利的心态，让短视频中充斥着各种推销广告，这样不但难以吸引用户，还无法变现。

企业要有用户思维，多思考用户喜欢看哪种类型的短视频内容，愿意为哪种类型的短视频内容付费，以用户需求为宗旨才会更容易达成目标。

想要做好短视频企业号运营并非一件易事。企业要注意规避以上六大误区，抱着细水长流的心态运营短视频企业号，让短视频企业号为企业营销创造出更大的价值。

## 5 短视频企业号需要一个专业运营团队 ▶▶

很多企业虽然意识到了运营短视频企业号的重要性，但是并没有完全在心理上高度重视，具体表现为以下两点：

一是企业虽然会在各大短视频平台注册企业账号，还委派专人负责这项工作，但短视频内容多是粗制滥造的，发布时间也很随意。这种运营方式既不能让用户真正了解企业号的具体内容，也难以留住用户，更难以实现企业号的营销目标。

二是企业注册企业账号后并没有安排企业内部人员运营，而是找外部团队代运营，将企业号的运营事项全权交给代运营团队处理。虽然专业的代运营团队了解如何运营好一个短视频账号，但是代运营团队并不能真正满足企业的营销需求。一方面，代运营团队并不是十分明确企业号的定位和内容构思，无法全方位地、精准地将企业设想的内容呈现出来，更不能真正展现出企业号的价值；另一方面，市场信息瞬息万变，代运营团队也很难快速地跟上企业的营销思路，无法对企业号的运营方向及时做出调整。

因此，要想真正实现短视频企业号的营销目标，做好短视频企业号的运营工作，企业必须要组建一个专业的运营团队。

一般来说，一个短视频企业号运营团队需要两个方面的专业人才，一个是视频制作方面的人才，另一个是运营方面的人才。因为这两个方面的工作需要的技术、资源不同，工作的具体内容也不同，所以笔者建议企业不要尝试让同一个人负责这两个方面的工作。否则，必然会大大降低企业号运营的效果。不仅如此，在条件允许的情况下，企业最好组建一个3~5人的运营团队，以确保企业号的长期稳定运营。

基于此，笔者从视频制作和运营两个方面解读企业在组建专业的运营团队时应该做哪些工作。

### （1）明确负责视频制作的人员及其分工

一般来说，视频制作需要编导、摄影师、剪辑师、演员、后期等人员共同完成。

编导的工作是根据短视频的内容定位，负责短视频的内容策划，搭建剧本脉络和框架，编写策划文案或脚本；落实拍摄所需的场地、道具设备等，精准地把握短视频的拍摄方向；指导摄影师和剪辑师更好地呈现短视频的主题；监控制作全过程，保证按时按质完成短视频的制作。

摄影师是拍摄画面和脚本的人，主要对拍摄负责，通过画面把脚本想要表达的内容呈现出来，并将拍摄时的构图、灯光和镜头运用等处理至最佳状态。

剪辑师负责将拍摄的视频按照确定的主题和方向剪辑成3~5分钟的短视频，确保剪辑后的短视频既能剧情流畅，又能很好地将企业号的营销价值呈现出来。

演员即短视频里的出镜人物，一般按照脚本要求完成表演即可。

后期需要对剪辑完成的短视频进行后期处理，主要是添加特效，包括调色、添加画面效果、添加文字效果、添加音效等，使短视频的内容更丰富，形式更新颖。

原则上一个短视频制作需要至少5个人才能较好地完成。若企业资金雄厚，预算充足，则可按照需求招聘编导、摄影师、剪辑师、演员、后期等人员，甚至可以一岗多人。如果企业的预算不足，就招聘1~2个能够身兼多职的人员。

### （2）运营团队至少要有一个专业的企业号运营人员

除了要有专业的视频制作人员，运营团队至少还需要一个专业的企业号运营人员。企业号运营人员负责将短视频广泛地、精准地推送给目标用户，为企业号吸引流量，并通过一些策略实现流量变现。具体来说，企业号运营人员的工作主要包括以下四点：

一是管理和运营各个平台的企业号，并确定每个短视频的发布渠道。

二是做好企业号的用户管理，与用户进行互动，包括点赞、回复用户的评论等。

三是分析已经发布的短视频数据，包括短视频的播放量、完播率、点赞量、评论量、转发量和收藏量等。通过对这些数据的分析了解短视频的受欢迎程度，为视频制作人员提供创作建议，同时也为企业号的运营提供方向。

四是和企业的产品研发团队、营销团队、售后团队等团队做好沟通和配合，借助企业号帮助企业实现推广品牌、销售产品等营销目标。

以上只是运营人员可以总结出来的工作，在企业号运营过程中还有很多琐碎的工作需要运营人员去处理。由此可见，企业号运营人员的工作非常繁杂，如果没有专业的视频制作人员配合，只让运营人员自己制作短视频同时负责短视频的发布、运营，很可能导致企业号陷入内容粗制滥造、无法吸引流量的窘境。因此，企业号的运营团队至少需要两个人，一个人负责内容制作，另一个人负责账号运营。如果企业有充足的预算，就可以根据实际需要适当增加人手。

总之，要想让企业号发挥出相应的营销价值，企业一定要组建一个专业的运营团队，切不可为了省钱或省事随便安排一个人运营企业号或找代运营团队负责。在短视频营销的阵地上，一个专业的运营团队将是企业无往不胜的利器。

第**2**章

# 建立阵地：
## 短视频企业号的
## 定位与设计

企业要想在短视频领域争得一席之地，首先就要做好企业号的定位与设计，建立企业自己的短视频营销阵地。

# 1 平台定位：找到一个主战场

短视频平台众多，企业要想精准发力，就要先进行平台定位，找到一个最适合自己的主战场，进而持续不断地输出自己的内容和影响力，才能获得成效。

在选择主战场时，企业有两个重要的判断依据：一是了解各大短视频平台的特征和用户画像；二是选择一个更适合自己的主战场。下面笔者进行具体分析。

## （1）各大短视频平台的特征和用户画像分析

### 抖音的口号（Slogan）——记录美好生活

抖音是2016年9月上线的一款音乐创意短视频社交软件，用户可以通过这款软件自由选择背景音乐，拍摄音乐短视频，制作出自己的作品。企业开通企业号之后，以官方认证的企业身份在该平台通过短视频与年轻用户沟通，向用户展示品牌趣味化、实用化、娱乐化的一面，拉近企业与用户之间的距离。

抖音的用户画像是企业进行精准营销的一个重要参考点。企业只有通过对用户画像进行深度分析，了解用户的基本特征与线上行为偏好，才能制作出更容易受用户喜爱的短视频。

抖音的用户特征有五点：

一是用户主要为一、二线城市年轻用户，男女比例相对均衡，女性用户略多于男性用户；

二是用户群体开始向三、四线城市逐渐渗透；

三是用户主要为城市青年，时尚且有才艺；

四是以喜欢音乐、美食和旅游的用户标签群体居多；

五是社交风格更趋向于流行时尚、文艺小清新与校园风格。

## 快手的口号（Slogan）——记录世界记录你

快手诞生于2011年，在2012年成功转型为短视频平台，继而在2015年迎来市场红利期。用户可以通过快手软件制作并分享短视频，还可以浏览、点赞他人的作品，与其他短视频创作者互动。快手的用户定位是"社会平均人"，即普通人的分享平台，所以快手的用户群体很大。

快手企业号又称为"商家号"，可分为两种：普通商家号和认证商家号。普通商家号无须提交资质认证，点击即可开通，体验部分功能，如地理位置、电话配置、商家课堂等。认证商家号则是成为普通商家号后，在平台上点击"付费600元认证"，提交相关资料，审核通过后即可享受全部权益，如广告权限、电话号码一键拨打、店铺位置、店铺特色营销等。

快手的用户特征有两点：

一是大部分用户来自二线以下城市，四线及其以下城市的用户占很大比例；

二是用户多为热爱分享、喜欢热闹、年轻化的"小镇青年"。

## 西瓜视频的口号（Slogan）——给你新鲜好看

西瓜视频主打个性化短视频推荐。西瓜视频通过人工智能方式推送用户喜欢的同类型短视频，并帮助短视频创作者轻松地推送自己的作品给目标用户。在西瓜视频众多分类中，影视、游戏、音乐、美食、综艺五大品类的短视频数量几乎占据了短视频总数量的半壁江山，受到众多用户的欢迎。

西瓜视频的用户特征有四点：

一是男性用户占比54%，女性用户占比46%；

二是年轻用户占比较大，19~35岁用户占比达56%，36~40岁用户占比13%，41~45岁用户占比13%，45岁以上用户占比10%，其他年龄段用户占比8%；

三是地域分布上以二、三线城市为主，其中一线城市占比6%，新一线城市占比15%，二线城市占比20%，三线城市占比25%，四线城市占比20%，五线及以下占比14%；

四是男性对音乐、美食、游戏更感兴趣，女性对美食、音乐、育儿兴趣度更高。

### 腾讯微视的口号（Slogan）——发现更有趣

微视是腾讯旗下短视频创作平台与分享社区。相较于其他短视频平台来说，微视的优势在于用户可以将微视上的短视频分享给微信、QQ好友，也可以分享到朋友圈等。2019年6月，微视开启了30秒朋友圈短视频能力内测。用户在微视发布界面勾选"同步到朋友圈（最长可发布30秒）"按钮，即可将最长30秒的短视频同步到朋友圈。

腾讯微视的用户特征有四点：

一是主要用户集中在华东沿海地区，中部与西部地区的用户相对较少；

二是从性别与年龄的分布情况看，微视的用户主要为男性年轻群体；

三是微视用户的应用偏好较大的是生活、社交、影音、网购、通信、资讯、教育、阅读工作、商旅出行、金融理财方面；

四是用户群体多是大学生、职场新人和内容创业者等。

### 微信视频号

微信视频号是腾讯公司官方微博在2020年1月22日正式宣布开启内测的短视频平台。微信视频号是一个全新的内容记录与创作平台，它位于微信的发现页内，在朋友圈入口的下方。

一般来说，微信视频号内容以图片和短视频为主，可以发布时间长度不超过1分钟的短视频或不超过9张的图片，还能带上文字和微信公众号文章链接，而且不需要PC端后台，就可以直接在手机上发布。微信视频号支持点赞、评论进行互动，也可以转发到朋友圈、聊天场景，与好友分享。微信视频号的内容更倾向于学习知识类、情感类、真实生活类、音乐歌曲类，娱乐性内容相对较少。另外，基于微信社交关系链，不干预流量上限，可提供好友、公众号、社群、朋友圈、搜一搜等多种免费流量资源为视频号引流，打造"视频号+社群+公众号+小商店+小程序"生态，"统一的账号体系+成熟的交易闭环+强大的社交信任基础"特点使微信视频号的流量转化更高效。所以，企业一定不能错过逐渐成为新的流量增长点的微信视频号。

微信视频号的用户特征有两点：

一是以微信用户为基础，拥有非常庞大的用户基数，而且覆盖了不同性别、不同年龄层的用户；

二是用户的社交需求非常强烈，大多数用户会因为他人推荐或者朋友圈的人观看了某个短视频而点开该短视频，甚至关注该账号。

## （2）如何选择适合企业的短视频平台

企业在选择主战场时，建议首选用户多、流量大的短视频平台。同时，企业还要根据自己的营销需求做好相应的调整，选择一个更适合自己的短视频平台。一般需要重点考量以下三点，如图2-1所示。

图2-1　企业选择适合的短视频平台的三个要点

**一是企业的用户特征是什么。** 在盘点各大短视频平台时，笔者介绍了用户画像，用户画像可以帮助企业了解使用该短视频平台的用户有什么特征，包括性别比例、年龄、职业、爱好等。如果企业的用户特征与短视频平台的用户特征重叠部分较多，那么企业入驻该平台的营销效果将会更好。

**二是企业的营销目的是什么。** 营销目的是企业在选择短视频平台主战场时一个重要的考量条件。例如，企业想要通过企业号扩大品牌影响力，那么在选择入驻短视频平台时，应该重点考量短视频平台的流量规模，短视频平台只有具备足够的流量才能帮助企业获得更多的关注度。

**三是企业的业务模式是什么。** 每个短视频平台的扶持方向和力度都不一样，所以企业在选择短视频平台时要考虑企业的业务模式是什么。只有当企业的业务模式和短视频平台的扶持方向与力度是一致的，企业入驻该短视频平台才能更好地发挥出营销效果。例如，企业的业务是销售美妆产品，那么企业可以选择重点扶持时尚、美妆领域的小红书。

总之，要想跑得又快又准，企业就要选择一个适合自己的主战场，只有企业在正确的赛道上奔跑，才能更快地达到营销的目的。

## 2 类型定位：以用户需求为目标思考变现 ▶▶

类型定位其实就是确定短视频内容的方向。一般来说，短视频类型包括短纪录片、情景短剧、技能分享、街头采访、创意剪辑等。

不少企业在做内容类型定位时经常陷入一个误区：不管做哪种类型的短视频，都先想方设法地涨粉，认为变现是涨粉之后才考虑的事情。其实这种想法是不明智的，因为如果内容不能满足用户需求，粉丝也无法快速变现，转化率也会更低，即便拥有很多粉丝也没有实际的商业价值。这也是为什么有的十几万甚至几十万粉丝的短视频账号的变现能力还不如一个只有几万粉丝的短视频账号的变现能力。

企业号不同于普通用户的账号，普通账号发布的内容常是基于个人喜爱，类型风格也不统一，而企业号发布的短视频不但要符合品牌调性，还要宣传自己的品牌，满足用户需求，带动产品销量。所以，企业号在做内容类型定位的时候，必须以用户需求为目标思考变现。**一个变现能力较强的企业号，它发布的内容首先不能是企业的硬广告，其次也不能和普通账号一样都是娱乐化的内容，而是要从企业的用户特点、用户需求以及营销目的等角度去思考创作什么样的内容。**

一般来说，变现能力较强的企业号要从以下三个方面定位内容类型，如图2-2所示。

图2-2 变现能力较强的企业号从三个方面定位内容类型

### （1）产品宣传：产品展示、技能分享等

如果企业的产品本身具有鲜明的特色，比如产品外形很有趣、产品功能非常新颖实用，那么企业号的内容类型可以定位在产品宣传。产品宣传既可以直接展示产品，也可以通过展示产品的使用场景或者产品效果进行宣传。

例如，某婚庆公司的产品是创意婚礼，产品本身具有新鲜、有趣的特点，对想要结婚、准备结婚的年轻用户极具吸引力。该公司的企业号就可以以"创意婚礼"定位内容类型，既能吸引潜在客户，又能宣传公司的产品，推广公司的品牌。

再如，某锅具生产企业，为了宣传锅具产品，将企业号的内容定位为"美食"。短视频的内容主要是使用他们的锅具制作各种美食，用户在被各种美食吸引的同时也对短视频中"好用"的锅具产生了极大的兴趣，纷纷询问购买渠道。

以"产品宣传"为主要方向的内容定位，适合经营新奇、有趣、实用又吸引人的产品的企业。这种内容类型也更容易促进产品销售，打造爆款产品。

### （2）品牌推广：场景植入、故事分享等

如果企业运营企业号的目的是品牌推广，那么首先就必须做好品牌定位，同时完善品牌信息。比如品牌标志、品牌故事、品牌文化等，这些都将成为企业号运营的素材。一般来说，以品牌推广为主要方向的企业号以场景植入、故事分享等内容类型为主。

例如，某服装品牌专营店的企业号内容是各种服装销售场景中导购和顾客的对话，十分有趣，获得了很多用户的关注。在该企业号的短视频中，用户可能会发现一个印有该品牌标志的袋子，也可能看到柜台前方的品牌标志，还有可能在顾客试衣服的时候看到衣服上的品牌标志，这就是非常典

型的场景植入。

再如，某羊绒品牌的企业号围绕企业创办的过程创作了一系列故事，展示了该品牌从无到有、从小到大的过程，既让用户看到了创业的艰辛、企业成长的过程，又让用户对该品牌有了更深入的了解，产生了极大的兴趣。这种故事分享型的内容对用户有更强的吸引力，营销效果也更好。但是，对企业号运营团队的创作能力、运营能力要求也更高。

无论是哪种类型的植入，企业都要注意植入的内容不要过于直接，更不能影响内容逻辑，否则不但难以通过平台的审核，也会对品牌宣传产生不利的影响。

### （3）企业文化宣传：办公室日常情景短剧、办公室采访等

企业号除了宣传产品和品牌，也可以宣传企业文化，进而让用户对企业有更深的了解，打造亲民的企业形象。尤其是对于知名企业来说，因为企业本身有成功经验，企业的办公室日常、管理模式、工作技巧等都会让用户感到好奇。因此，这些企业号可以围绕领导和员工对话、开会、讨论，销售人员和客户谈判等各种办公室日常创作情景短剧，也可以通过采访领导、各岗位员工等方式展现企业的一些管理经验、工作经验等。

这种通过短视频呈现企业文化的方式，不仅贴近用户，有助于传播企业文化，还可以加深企业内部的沟通，让全员参与短视频创作，增强员工对企业的归属感。

　　然而，这种内容类型不但要求企业文化本身具有新奇、有趣、有价值的特点，还要求短视频企业号运营团队具有极高的创作能力和沟通协作能力，既能够策划出有趣的短视频创作方案，又能够协调好领导、同事的时间，促进大家共同完成短视频的拍摄。

　　以上三种内容类型只是抛砖引玉，只要是以用户需求为核心目标定位和创作短视频内容，都符合企业号的运营要求。企业号的运营团队可以放心大胆地去创作，不必拘泥于已有的内容类型。无论采取哪种内容类型，关键都在于能够给用户带来价值，能够帮助企业实现营销目标，实现变现。

## ③ 对标定位：扫描同类账号，找到标杆 ▶▶

　　美国通用电气前首席执行官、世界企业管理之父杰克·韦尔奇（Jack Welch）曾经提出"向标杆学习"的相关理论。他认为"向标杆学习"即选择一个标杆企业或标杆个人，系统全面地去学习其某一领域、某一管理系统里值得学习的管理方法和经营方式。

　　在同类账号中找到标杆账号，以此作为自己学习和追赶的标杆，确定自己努力的方向和奋斗的目标（包括具体的阶段性目标），是企业号定位的重要一步。具体来说，企业号运营团队要做好以下两项工作。

## （1）扫描同类账号，筛选出做得好的账号

运营团队在确定企业号的主战场和内容类型之后，就要尽可能地搜索同类账号。例如，企业号的内容类型是创意婚礼，就要搜索在创意婚礼领域有哪些做得好的短视频账号。运营团队如果想要节省时间，那么可以通过一些短视频数据分析工具去查找粉丝数量在50万以上甚至是100万以上的同类账号。

运营团队在扫描同类账号时，要注意账号的粉丝数量和发布的短视频数量之间的关系。例如，同样是拥有100万的粉丝，A账号发布了100个短视频，B账号发布了30个短视频，对比来看，发布了30个短视频就获得100万粉丝的B账号更具有参考性。

还有一个值得思考的问题是，有些优质的短视频账号的内容非常丰富，且形式多样，此时运营团队就需要考量，如果以此为标杆，所属企业是否有足够资源满足创作的需要，比如人员、物料等；短视频内容是否可以长期批量生产。这些都是运营团队在筛选标杆时必须考虑的问题。

## （2）确定是否可以成为标杆账号的三个考核指标

成为标杆的短视频账号必须具有先进性、示范性、行业代表性的特点，并且是知名度高、信誉好、有发展潜力的账号。那么运营团队如何在众多的同类账号中，确定1~2个账号作为自己的标杆账号呢？具体来说，有三个考核指标可以帮助运营团队确定标杆账号，如图2-3所示。

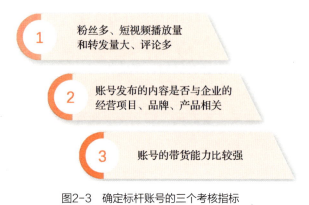

图2-3　确定标杆账号的三个考核指标

**一是粉丝多、短视频播放量和转发量大、评论多。**运营团队要想选到一个标杆账号，除了要关注该账号的粉丝数量，还要关注该账号发布短视频的播放量、转发量、评论量。如果该账号发布短视频之后，粉丝的播放量和转发量都很大，评论量也很多，那么说明该账号的短视频比较受粉丝的欢迎。相反，如果一个粉丝数量达到几十万甚至上百万的账号发布的短视频的播放量和转发量却不是很大，评论量也很少，那么说明这种类型的短视频市场需求可能不高，不具有参考价值。

**二是账号发布的内容是否与企业的经营项目、品牌、产品相关。**因为企业发布的短视频内容主要是基于商业目的，比如推广品牌、带动产品销量，所以运营团队在找标杆账号时，也要关注该账号发布的短视频内容是否与企业的经营项目、品牌、产品相关。虽然该账号获得了不少粉丝，但是短视频内容与企业的关联较少，那么该账号就不是运营团队要参考的标杆。

**三是账号的带货能力比较强。**这一点是在第二点的基础上进一步延伸，即运营团队还要从该账号橱窗的产品销量和好评率了解账号的带货能力。如果该账号橱窗的产品销量都不太高，或者只有极个别产品的销量比较高，那么该账号同样不具有参考价值。

综合以上三点，运营团队在扫描同类账号后，可以选出1~2个标杆账号。接下来运营团队对标杆账号进行深入分析，包括短视频内容的策划和拍摄技巧、发布频率、粉丝互动技巧、变现方式等，从中找到标杆账号成功的原因。然后，运营团队要把学到的技巧灵活地运用到自己企业号的运营中。

总之，寻找标杆账号的实质是模仿和创新，同时也是一个持续的、系统的学习过程。企业既要与同类账号中的标杆进行对照定位，又要塑造属于自己的核心竞争力，最终达到持续改善、创造优势、实现超越的目的。

## 4 用户定位：平台切入，产品锁定

所谓"用户定位"，就是运营团队从用户的层面思考短视频账号的定位。简单地说，企业号的运营团队要知道短视频是拍给谁看的。这里的"谁"又包含两层意思：第一层是观看短视频的用户，第二层是潜在的客户。也就是说，企业号发布的短视频既要有人看，也要有人买。

企业的产品主要是卖给目标用户的。例如，一家萌宠企业的用户大多是宠物爱好者，在这些宠物爱好者中，又分为养宠物的用户和没有养宠物的用户。没有养宠物的用户是基于对宠物的喜爱点开该企业号的短视频，获取的是单纯的观看乐趣，对短视频里面出现的狗粮、罐头、预防宠物得皮肤病的药物等产品是没有需求的。养宠物的用户很可能会购买视频里出现的狗粮、罐头等产品，这部分用户就是企业的潜在客户。

所以，从用户定位的角度看，企业要找到自己的目标用户，进而精准地将信息传递给可能购买产品的用户。

## （1）运用短视频平台更大范围地覆盖用户

各大短视频平台都有用户画像，笔者在本章第一节中已经介绍过。用户画像对于企业进行精准营销来说是一个利器，企业可以通过用户画像了解各个短视频平台上的用户基本特征与线上行为偏好。

例如，某短视频平台的用户画像显示，男性用户更喜欢体育、汽车、军事等方面的内容；女性用户则更喜欢美食、健康等方面的内容。其中"95后"人群偏爱情感、体育和时尚；"90后"人群偏爱情感、体育、育儿和汽车；"80后"则更关注时政、体育、育儿、健康、汽车等。18～30岁的人更喜欢夜间看今日头条，活跃高峰期为凌晨1—4时，31～40岁的人为工作和家庭而忙碌，较活跃的阅读时间在晚上21—24

时，而40岁以上的人阅读偏好集中于5—8时以及17—20时。

所以，企业确定入驻哪个短视频平台时，先要深入了解该平台的用户画像，初步知道企业号的目标用户具有哪些特征。此外，不同类型的短视频账号的用户也不一样。美妆、旅行、明星、美食、宠物等不同领域的短视频账号都有他们的受众群体，所以企业要想对目标用户有系统的了解，还要针对企业号入驻的领域进行具体分析。例如，企业选择入驻抖音平台上的美妆领域，不但要了解抖音平台的用户画像，还要了解抖音平台的美妆领域用户有哪些特征。

## （2）根据推广的品牌或产品锁定具体的用户

利用短视频平台圈定用户范围之后，企业还要根据自己要推广的品牌或产品锁定具体的用户。因为企业号运营最终指向的还是商业变现，指向的是产品，而产品与用户又是息息相关的，所以根据产品精准地锁定目标用户，转化率会更高。

例如，某美容院的用户大多是对美有需求的人群。进一步分析，该美容院的用户多为18～34岁的青年女性和35～55岁的中年女性。青年女性用户的学历偏高，白领居多，希望解决的是因生活压力和作息习惯导致的皮肤问题。中年女性用户与青年女性用户相比，学历偏低（大专、中专、高中学历偏多），职业基本稳定，有着较强的购买力，希望解决的是因年龄增长带来的皮肤衰老问题。因此，该美容院如果要运营短视频企业号，就应该以这两类人群为目标用户。

锁定目标用户之后，企业号的运营团队还需要进一步思考目标用户的消费习惯，以及对哪种类型的短视频内容感兴趣。例如，青年女性用户一般喜欢看介绍美妆、护肤技巧的短视频，她们常常有从众消费心理，会选择购买热门短视频或者美妆类博主推荐的美容产品。中年女性用户则对健康、护肤类的短视频更感兴趣，她们更倾向于购买身边人、同龄人推荐的产品。这样分析之后，运营团队不仅对企业号的内容方向有了更具体的规划，还对产品推广策略有了初步的方向。面向青年女性用户的企业号可以联合美妆类博主推出一些适合不同场合的美妆、护肤产品，而面向中年女性用户的企业号则要通过随机采访、老用户反馈等方式推出一些适合中年女性的护肤产品。

所以，用户定位也是运营团队在进行短视频的企业账号定位与设计时重要的参考点。用户定位可以帮助运营团队精准锁定企业号的目标用户，进而对企业号运营做出更系统、更全面的规划。

## 5 优势定位：发掘企业运营短视频的优势 ▶▶

所谓"卖点"，是指所卖产品具备了前所未有、别出心裁的特色、特点。这些特色、特点，一方面是产品与生俱来的，另一方面是通过营销策划人员的想象力、创造力产生的效果。企业号的优势定位是指运营团队在做短视频的企业账号定位与设计时，找到相比其他企业号或者同类企业号拥有的核心竞争力或者与众不同的特色。

具体来说，运营团队在做企业号的优势定位时，要从以下两个方向思考。

### （1）确定企业最大的优势是什么

运营团队在进行优势定位时，第一步要确定自己的企业在哪些方面是最厉害的、最有谈资的、最有经验的、最有资源的。从这些方面定位短视频的内容方向，运营团队不仅在内容策划时能得心应手，也能在撰写文案和脚本时信手拈来。

例如，一家律师事务所的最大优势就是法律方面的专业能力和知识输出，这就可以作为其企业号的内容方向。确定内容方向后，内容策划就变得比较简单，比如跟随热点时事或者人们生活中经常遇到的纠纷，从法律层面给出专业的解读。因为解读用到的知识正是律师事务所每天都用的专业知识，所以运营团队撰写文案和脚本时并不会遇到太大困难。但是，如果该律师事务所把企业号的内容方向定位在娱乐新闻上，对运营团队来说执行难度就要大得多了。最重要的是，娱乐新闻的内容并不能帮助律师事务所实现营销的目的。

所以，企业号进行优势定位的第一步就是确定企业最大的优势是什么。运营团队可以从企业的产品、技术、文化等方面去分析、挖掘。例如，产品是否有与众不同的、新颖的包装设计？产品是否有与同类产品不同的功效？产品是否有更新鲜的使用场景？产品在生产工艺上是否有同类产品不具备的特殊技术？企业内部是否有一些让人津津乐道的文化？企业员工之间是否发生了一些有趣的或者让人感动的故事？等等。

总之，企业可以通过短视频输出内容的最大优势一定是与众不同的、有趣的、新奇的、值得大家讨论和分享的特点或故事。

### （2）打造企业号内容的独特性

优势定位的第二步就是打造企业号内容的独特性。一般来说，运营团队可以从以下三个方面挖掘本企业区别于其他企业的优势，如图2-4所示。

图2-4　挖掘本企业区别于其他企业的三个地方

**一是价值性。它是指对目标用户来说是非常有价值的内容，包括获得娱乐、学习技能和增长知识，能够更快、更便捷地获得产品信息等。**例如，一家管理咨询公司的企业号发布的短视频是解决企业在新生代员工管理方面遇到的问题，一个短视频解决一个具体的问题，这对于手下多为新生代员工的管理者来说就是非常有价值的短视频内容。再如，某瑜伽馆运营的企业号经常发布一些展示瑜伽动作和练习瑜伽技巧的短视频，指导用户如何在家练习瑜伽，这对于瑜伽馆的目标用户来说也是非常有价值的短视频内容。

**二是独特性。它是指对目标用户来说是非常新奇的、有意思的、让人耳目一新的内容，包括让用户从短视频中获得新奇的感受、参与特别的话题讨论、购买独家定制的产品等。**例如，某餐饮店短视频企业号发布的短视频内容是指导大家如何在5分钟内搞定一份既摆盘漂亮又养生的营养早餐，短视频中独特的摆盘技巧就能让用户耳目一新，获得新奇的感受。再如，某女包品牌的短视频企业号推出了个性化定制业务，用户可以在该企业号留言定制能够满足自己需求的个性化女包，并且女包的制作过程将以短视频的形式发布在该企业号，将其作为其他用户进行个性化定制的参考，这对该企业号的用户来说就是极具独特性的内容。

**三是专有性。它是指对目标用户来说在其他平台或者账号难以获得的内容，包括无法轻易模仿的创意、个性人物的出镜、其他短视频账号提供不了的技术、独家销售的产品等。**例如，某企业号被国外知名品牌独家授权展示并售卖某款创意产品，这就属于专有性的内容。

优势定位能够让企业凭借自身的优势、资源等，通过企业号向用户传达差异化信息并使自己的品牌和产品引起用户的注意和认同，进而在用户心里占据与众不同的价值位置。在短视频战场上，一个独特的优势能够让企业号在众多竞争者中脱颖而出，获得成功。

## 6 人设定位：找到合适的人设标签

随着短视频领域的竞争越来越激烈，一个用户常常会关注很多个短视频账号，这就意味着他不可能对每一个关注的账号都有深刻或鲜明的印象。那么企业如何让自己的账号深深地印在用户的脑海中呢？有一个非常好的方式就是打造人设。

人设这个词语最初起源于漫画、动画中，全称是人物设定，即给自己笔下的角色添加一些框架，如性格、技能、相貌、家世、人际关系等，目的是塑造一个丰满的、立体的角色形象，给人留下深刻印象。

人设标签就是找到一个适合品牌调性的标签，让其融入企业号的气质和血液中，使其成为企业形象的一部分。从某种程度上说，人设的本质是企业把自己塑造成一种讨人喜欢的形象，赢得用户的关注。

因此，运营团队需要为企业号找一些企业本身所具备的

有传播度并且符合目标用户定位的标签，包括形象标签、身
份标签和场景标签，如图2-5所示。

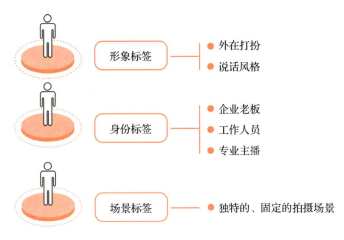

图2-5　建立人设的三个辅助标签

**形象标签**。短视频中出镜人物的形象是强化企业号人设
的一个重点要素。人物形象主要包括出镜人物的外在打扮、
说话风格等。例如，某企业号的出镜人物每次都以高马尾、
齐刘海的形象示人，并且在每一期短视频结束时都会说一句
固定的口号，既能够给用户留下深刻的印象，又能强化该企
业号的人设形象。

因此，企业号发布的短视频中的出镜人物也要展现一些
特定的形象，比如在每一期短视频中着装统一、留同样的发
型、佩戴同一个饰品等，说一些固定的开场语或结束语，有
一句专属自己的口号，说话速度、声调和风格等也都保持统

一。统一的形象不仅方便用户记忆和识别，还能让用户产生亲切感，进而增强用户对企业号的好感度。

**身份标签**。短视频中出镜人物的身份也会影响用户对企业号的印象，企业号发布的短视频出镜人物一般有三种身份。

**一是企业老板，为自己的企业和产品代言**。例如，某电器品牌的董事长亲自在企业号的短视频中出镜，为自己的企业和产品代言，并凭借霸气强悍的职场女强人人设，有力地推广了企业的品牌，带动了产品的销量。

**二是工作人员**。例如，技术人员出镜解读技术，营销人员出镜做品牌推广，通过短视频展现企业专业、严谨和精深的一面。这类出镜人物凭借自身的专业能力为企业代言，也能提升企业的形象。

**三是专业主播**。这类人员既可以是企业旗下适合出镜的主播，也可以是与专业平台合作的主播。例如，某个图书品牌的企业号有固定的专业主播出镜推荐图书。

运营团队可以选择以上某一种或者某几种身份的出镜人物进行组合。不过，当运营团队打造企业号的人设标签时，出镜人物一定要保证固定，让用户看到该出镜人物就知道是哪个企业号的短视频。

**场景标签**。一个独特的、固定的拍摄场景对于企业号的人设打造也非常重要。企业号的短视频拍摄场景尽量找一些区别于其他竞争者的拍摄场景，给用户新奇的体验，避免用户的审美疲劳。需要强调的是，企业选定一个场景后就不要随意更换，即便更换场景，也要在新的场景中保留上一个场景中有特点的一些小装饰，这样既能够让用户产生熟悉的感觉，又能让用户一眼就知道这是哪个企业，加深印象。

做好形象标签、身份标签和场景标签的设计只是完成了人设定位的基本工作。此外，运营团队在为企业号做人设定位时还需要关注以下四点要求，如图2-6所示。

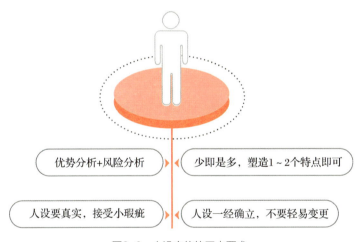

图2-6 人设定位的四点要求

### （1）优势分析+风险分析

优势分析是分析企业号人设定位的优势是什么。例如，某服装店的企业号与专业的服装模特合作，通过长相姣好、拥有甜美笑容的模特出镜展示该店的服装，相对于其他服装店的企业号让店员出镜展示服装，专业的服装模特就是该服装店企业号的人设优势。

风险分析是企业号所营造的人设是否有负面风险。运营团队要从法律、道德、价值观等角度对人设进行深度分析，确保没有隐藏的风险。

### （2）少即是多，塑造1~2个特点即可

在人设定位上，运营团队要遵循"少即是多"的原则。一个复杂的人设其实并不讨喜也不适用，过于丰富的人设只会干扰用户对人设的认知。另外，短视频一般只有十几秒，有的时长两三分钟，在这么短的时间内很难有效地展现出人设的各种特质。所以企业号的人设亮点要鲜明，只需要提炼1~2个最突出的亮点即可，方便用户记忆和识别。

### （3）人设要真实，接受小瑕疵

心理学研究指出，一个具有小瑕疵的人，往往比那些完美无缺的人更受欢迎。所以，企业在做人设定位时，可以多展现正面、积极的一面，但绝对不要过度修饰，甚至将不真实的方面伪造成真实的方面。那些因夸大个性和能力而导致人设崩塌、一切归零的企业号也屡见不鲜。尤其对于企业而言，过分夸大有可能会涉嫌欺诈消费者，甚至还需要承担法律风险。所以，企业号的人设定位务必要真实，即便存在不足之处也无伤大雅，这样更能凸显人设的真实性。

### （4）人设一经确立，不要轻易变更

打造人设有一个很重要的点——重复。人设只有不断重

复才能让用户深刻记忆，继而成为企业号的一种设定。所以，企业号的人设一经成立，就要保持统一，不要轻易变更。例如，某企业号的人设是"为独立职场女性代言"，但是某期短视频的内容却是呼吁女性要回归家庭，这显然与该企业号的人设相悖，不仅会让用户感到混乱，甚至还有可能引发争议，影响企业号的正常运营。所以，人设确定后，运营团队就要通过持续产出人设高度一致的短视频内容，不断强化用户对企业号的印象，继而形成牢固的粉丝关系。

总之，在众多短视频账号中，企业要想让用户对自己的企业号产生深刻的印象和好感，做好人设定位是一项非常重要的工作。

##  垂直定位：精准且专注地创作视频

有的企业号为了追求热度和播放量，不断改变短视频的内容方向，今天发搞笑类短视频，明天发旅游类短视频，后天又发美妆类短视频。如此一来，用户其实并不能确定该企业号的定位是什么，即便一些用户被吸引了，关注了该企业号，这些用户也不可能是企业的目标用户，对企业营销没有太大的价值。虽然用户的需求是零散的，但是他在观看短视频时的兴趣却是垂直的。

所以，垂直定位是企业号定位与设计的关键一环。所谓"垂直"，是指企业号发布的短视频内容和企业从事的领域是一致的，并且一个账号一直输出的是同一性质的内容。例如，某美妆品牌的企业号每天发布的短视频内容都与美妆相关，精准且专注地在这一领域创作，就做到了垂直定位。

具体来说，要做好企业号的垂直定位可以采用以下三种方法，如图2-7所示。

**名称和简介垂直：利用账号信息展示垂直领域**

**内容垂直：持续输出同一性质的内容**

**在垂直领域内再继续细分，进一步精耕细作**

图2-7　垂直定位的三种方法

### （1）名称和简介垂直：利用账号信息展示垂直领域

垂直定位的第一步表现在企业号的名称和简介上，让用户从企业号的账号信息就能知道该企业号的垂直领域。比如知名品牌直接用品牌名称作为企业号的名称，商家直接用自己的店铺名称作为企业号的名称，还有的企业直接用销售的产品名称作为企业号的名称等。

例如，某玉米销售公司的企业号名称是"玉米王"，用户看到该名称首先就知道该企业号一定是与"玉米"有关的，那些想要了解玉米、购买玉米的用户就会关注该企业号。

　　此外，企业号的简介内容要和名称的内容方向保持一致。例如，企业号"玉米王"的简介是"揭开玉米的神秘面纱，从玉米的营养价值到玉米的烹饪方法，从玉米的生长过程到玉米的选购技巧，玉米王全都有!"这样的简介和"玉米王"的名称刚好高度垂直，有利于精准吸引目标用户。

　　除了和名称保持一致，在撰写企业号的简介时，运营团队还可以采用关键词展示法来体现垂直。例如，美妆商家的企业号在简介中罗列"专业护肤""美妆""彩妆""变美"等关键词，简单、直接地表达了该企业号的垂直领域。

## （2）内容垂直：持续输出同一性质的内容

　　短视频的内容是企业号运营的核心。因此，内容垂直定位是企业号垂直化运营的核心。运营团队在根据自己企业的性质选定一个领域后，就要在选取的领域不断地输出相似但又不尽相同的内容，这样才能让用户在观看该企业号的短视频时既能产生统一感，也有新鲜感。例如，一家美妆商家的企业号的短视频内容可以是介绍化妆技巧、好用的美妆产品、美妆前后对比等，从不同的角度展示美妆产品。再如，某饭店的企业号选择的垂直领域是美食，短视频内容可以是美食测评，也可以是制作美食的过程等。

　　需要注意的是，在输出同一性质的内容时，运营团队要注意每一期短视频的内容策划与表现形式都要契合产品特性，并符合品牌调性。此外，运营团队也要创新内容，多发布一些用户喜闻乐见的内容。

### （3）在垂直领域内再继续细分，进一步精耕细作

短视频领域包括美食、游戏解说、电影解说、育儿、两性、三农、汽车、体育、音乐、星座、舞蹈、教育等，企业号要先从这些大的领域中选择一个垂直领域，然后在选定的垂直领域内再继续细分，进一步精耕细作。例如，某烘焙店企业号选择的是美食领域，而美食领域又可细分为中餐、西餐、烘焙等。假如某短视频平台有5000个账号属于美食领域，其中有2500个账号属于中餐，1500个账号属于西餐，还有1000个账号属于烘焙。该烘焙店若是选择在烘焙领域精耕细作，不仅能够避开与其他4000个账号的竞争，还能更精准地锁定目标用户，打造私域流量。

加拿大作家马尔科姆·格拉德威尔（Malcolm Gladwell）在《异类》一书中指出："人们眼中的天才之所以卓越非凡，并非天资超人一等，而是因为他付出了持续不断的努力。只要经过10000小时的锤炼，任何人都能从平凡变成超凡。"他将此称为"10000小时定律"。如果某企业的企业号也能在某个垂直领域持续输出10000小时，该企业必然就能获得非凡的收获。

垂直定位的优势在于企业可以在同一领域精耕细作，不仅能够精准吸引目标用户，还有利于打造品牌、吸引流量并进一步实现引流变现。尤其在同质化严重的竞争体系中，企业号只有在同一领域精准且专注地创作，才能获得长久的生命力。

# 第 3 章

# 选品逻辑：
## 爆红基因决定
## 产品流量

　　对于企业号来说，品牌推广、产品销售是其主要的运营目标。但并不是说企业的所有产品都适合放到企业号上进行推广、销售，运营团队还要根据短视频营销的特点和短视频平台的规则进行选品。

选品逻辑一：可以用视频展示

企业号的运营目标是通过短视频实现企业的品牌推广、产品销售。因此，选择哪些产品在企业号上进行推广和销售是企业号运营的一项重要工作。

短视频平台拥有巨大的流量和天然的"种草"属性，企业可以借助这个平台推广和销售自己的产品。但并不是任何一件产品都能乘着短视频的东风，取得可观的销量。要想自己的产品能够获得用户的欢迎和喜爱，运营团队在为企业号选择产品时就要遵循一定的选品逻辑。

**企业号选品需要遵循的第一个逻辑就是产品可以用视频展示出来。所谓"可以用视频展示"有两层含义，一是产品的特点可以通过视频展示出来，二是产品可以被允许在短视频平台上展示，**如图3-1所示。

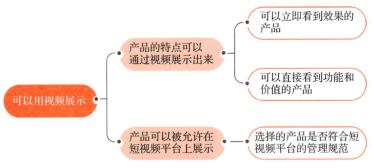

图3-1 "可以用视频展示"的具体含义

## （1）产品的特点可以通过视频展示出来

企业通过视频展示可以让用户清晰、明确、直观地了解产品，例如，企业想要在短视频中推广一款吸尘器，这款产品就符合"可以用视频展示"这一特征。因为企业可以在视频中展示吸尘器的外观、清洁强度、使用方法等，即可以直观地让用户观看到这一款吸尘器的特征和效果。在短视频中，企业的产品通过出镜人物的真实演示，以事实说话，很容易打动用户并让用户下单。

具体来说，具有以下两类特点的产品适合用视频展示。

**一是可以立即看到效果的产品。**例如，美妆类产品（口红、眼影、眉笔、眼线笔、隔离霜、粉底等），能够透过屏幕刺激用户味蕾的食品（小火锅、杧果、螺蛳粉等），服饰类产品（重点展示穿搭效果以及对身材的修饰效果），等等。这些产品可以通过视频展示的方式吸引用户的兴趣并让用户下单购买。

**二是可以直接看到功能和价值的产品。**例如，增压花洒、去油污喷雾、马桶疏通剂等产品，可以通过视频让用户看到购买这类产品所带来的功能和价值，也能促使用户下单购买。

如果企业想在短视频中推广一款需要长时间才能看到效果或者功能复杂、价值不突出的产品，那么仅凭主播的推荐，很难让用户信服，效果也会大打折扣。例如，银行理财产品、保险产品等，这些产品的效果和价值都难以快速、直观地在短视频中展示出来，企业号的运营团队在选择这类产品的时候一定要谨慎。

因此，在选品时，企业一定要判断目标产品是否能以视频的形式展示出来，一般可视化的场景素材越多越有助于产品推广和销售。

### （2）产品可以被允许在短视频平台上展示

有的产品原本适合用视频展示，但是因为不符合短视频平台的管理规范而不被允许展示。例如，在抖音平台上，男士内裤或女士内衣这类贴身用品，如果要以视频的方式进行展示，可能会因皮肤裸露较多而触碰短视频平台的红线，导致短视频被限流，甚至企业号被封号。所以，即便企业的仓库里有内衣类的产品，也不能将其选为短视频推广和销售的产品。

企业在选品时，要判断选择的产品是否符合短视频平台的管理规范，最好不要选择短视频平台禁止或者限制展示的产品。

在抖音平台上，禁止销售的产品品类有：医疗类、成人用品、投资金融类、安防工具类、管制刀具、违禁工艺品、收藏品类、高仿产品、殡葬、烟草制品、妨害正常秩序产品、危险物品、三无产品、宗教类、内衣、宠物活体、蓝光美牙仪、水晶泥等。这些产品都是不可以在抖音平台上售卖的。

在快手平台上，官方禁止售卖的产品或类目有：封建迷信、违法违规；黑五类（药品、医疗器械、丰胸、减肥、增高）；手机卡、流量卡、影视卡等；虚拟的游戏代练等；电子烟产品；母婴产品（部分）；成人保健品；药品，含兽医药；野生药材，宣传功效；自制无检验合格证的食品；标国外奢侈品的服饰、鞋靴、箱包、手表；涉农类的产品（种子、树苗、饲料、农药、化肥等）；无版权的书籍、音乐及影像等电子音像产品（包含音乐U盘）；腕表等。这些产品都不能售卖，自然也不可以用短视频展示出来。

企业选择在哪一个短视频平台推广自己的产品之前，要先查看该短视频平台禁止售卖哪些产品。如果自己的产品中有短视频平台禁止的产品，企业就一定要将其剔除，否则会带来严重的后果。

总之，企业在选择用短视频推广和销售的产品时，一定要遵循可以用视频展示的选品逻辑，既要选择短视频平台允许展示和销售的产品，又要选择展示效果较佳的产品。

# 2 选品逻辑二：受众广泛

很多企业号的产品成交量很少，有一个重要的影响因素就是产品的受众范围比较狭窄。有的产品价格昂贵且受众范围狭窄，如玉器、艺术品等，即便质量上乘也很少有用户通过观看短视频而购买。也就是说，如果企业选出的产品受众范围狭窄，那么这意味着只有极个别的用户会关注、购买该产品，企业自然难以提升销量。

因此，企业号选品需要遵循的第二个逻辑就是产品的受众广泛。**企业选择受众广泛的产品有一个明显的优势就是任何一个人都有可能是企业的潜在用户，这也意味着同时有很多用户会关注产品甚至产生购买需求。**例如，几乎人人都需要的衣服、鞋子、袜子、椅子、沙发、碗碟、杯子等产品，都属于受众广泛的产品。

以下几种类型的产品都属于受众广泛的产品，可以作为企业号选品时的参考，如图3-2所示。

图3-2 受众广泛的产品

## （1）大众日常消费型产品

一般来说，人们生活中既不可缺少又频繁使用、消耗的产品都属于日常消费型产品，包括日用百货、珠宝饰品、衣服鞋包、母婴用品、水果零食、蔬菜蛋禽、美妆护肤、厨房电器等。大众日常消费型产品的受众范围非常广泛，而且消耗快、复购率高。同时，这些产品一般都会在特定的生活场景中使用，非常适合通过视频进行展示，让用户直观地了解产品的特点和优势，产生购买需求。

　　飞瓜数据显示，2020年10月29日，抖音产品榜排行前三的产品分别是洗车专用毛巾、小南瓜新鲜蔬菜、短款立领羽绒服。这三款产品有一个共同特征就是受众广泛，都属于大众日常消费型产品。可见，受众广泛的大众日常消费型产品已经在短视频企业号运营中抢得先机，占据了重要位置。

## （2）容易被最大用户群接受的产品

　　企业号是通过短视频带货，归根结底还是要以短视频用户为中心展开，毕竟用户才是短视频的最终受众。因此分析短视频用户的特点对了解受众广泛的产品也具有一定的参考性和价值性。

　　艾媒咨询（iiMedia Research）数据显示，截至2020年12月，我国网络视频（含短视频）用户规模达9.27亿人，较2020年3月增长7633万人，占网民整体的93.7%。其中短视频用户规模为8.73亿人，较2020年3月增长1.00亿人，占网民整体的88.3%。其中，25岁以下及25～40岁用户最常使用的短视频平台为抖音，用户规模占比分别为61.0%及49.4%，而常用快手的用户占比仅为21.5%。40岁以上用户最常使用的短视频平台同样以抖音为主，但常用快手的用户占比也接近三成。

可见，抖音、快手已经成为短视频领域的两大主流平台。因此，读者在分析短视频平台的用户特点时，可以重点参考这两个平台的用户画像。

以抖音为例，《2020抖音用户画像分析》显示，抖音用户偏好短视频类型，演绎、生活、美食类短视频播放量较高，观看情感、文化、影视类短视频的人数增长较快。其中男性用户对军事、游戏、汽车类短视频偏好度较高，女性用户对美妆、母婴、穿搭类短视频偏好度高；"00后"对游戏、电子产品、时尚穿搭类短视频偏好度高；"95后"对游戏、电子产品、穿搭类短视频偏好度高；"90后"对影视、母婴、美食类短视频偏好度高；"80后"对汽车、母婴、美食类短视频偏好度高。

企业号在选品时可以参考以上数据，例如，可以多选择一些价格适中的母婴类产品、装修类产品、时尚穿搭类产品、美妆产品、教育产品等，这些产品在短视频平台都有着较大的用户基础。

总之，运营团队在为企业号选品时一定要先回答两个问题：这款产品是不是大多数人都需要的？这款产品是不是大多数人愿意购买的？如果这款产品不是大多数人都需要的，也不是大多数人愿意购买的，那么它就不满足受众广泛这一特点，对该款产品就要谨慎选择，借助其他指标做进一步的判断。

## ③ 选品逻辑三：性价比高、有实用价值 ▶▶

性价比是产品的性能值与价格之比，是反映产品的可购买程度的一种量化的计量方式。追求产品的高性价比是绝大多数消费者的共性。

不少用户在观看短视频时，常常被那些物美价廉的产品吸引，并产生购买冲动。

此外，根据抖音产品排行榜2020年6月前50分类趋势图可以看出，排行在第二的产品是日用百货，且呈现上升趋势。进一步分析，占比最多的产品类型其实还是性价比高、有实用价值的产品。例如，自拍杆手机壳，既能充当手机壳，又可以变形为自拍杆。再如，切菜神器，用户购买这款产品后就不用害怕菜刀伤到手。除此之外，还有磁吸数据线、折叠洗菜篮等，都是日常生活中可以经常用到的产品，具有非常高的实用价值。

因此，企业号选品要遵循的第三个逻辑是性价比高、有实用价值。性价比高的、有实用价值的产品更易吸引用户下单。

以下几种类型的产品一般都具有性价比高的特点，可以作为运营团队在为企业号选品时的判定标准，如图3-3所示。

### （1）价格在0～100元的产品

性价比高往往是用户在消费时产生的一种感觉。在产品

图3-3　性价比高的产品的四点判定标准

质量相近的前提下，这种感觉一般是通过价格来体现的。价格在0～100元的产品一般属于生产工艺简单、质量良好的产品，所以可以作为企业号推广的首选产品。

如表3-1所示，一般价格在50元以内的产品，用户的购买决策时间较短；价格在51～100元的产品，用户购买时会有顾虑，如考虑实用性、品质等问题；价格在101元以上的产品，用户多数会看重产品的质量，下单的时候比较谨慎。

表3-1　产品价格与用户下单决策时间的关系

| 产品价格 | 用户下单决策时间 |
| --- | --- |
| 50元以内 | 决策时间较短 |
| 51～100元 | 购买时会有顾虑 |
| 101元以上 | 比较谨慎 |

因此，0～100元的高品质产品能够让用户在较短的时间做出购买决策。

从某种程度上说，大部分的短视频用户购买产品都属于冲动消费，如果产品的价格太高，就会直接影响到用户的购买行动。所以，运营团队在为企业号选品时，适合优先选择价格在0～100元（0～50元更佳）的产品。另外，在性价比高的同时，如果产品能够满足实用价值这一特征，就更能吸引用户购买。

### （2）满足"拍一发多"需求的小物件产品

"拍一发二""拍一发三"这种销售方式会让用户觉得性价比较高。所以，运营团队在为企业号选品时要仔细考量哪些产品可以满足"拍一发二"或"拍一发三"的要求。考虑到包装、物流等因素，满足"拍一发多"需求的产品一般体量小，发两件或三件的运费与发一件的运费基本一样。例如，小盆栽、洗碗布、袜子、笔记本、纸巾等小物件产品。此外，这类产品的生产成本低、价格也较低，即便企业在短视频中承诺"拍一发二""拍一发三"，也不会折损自己很多利益。

所以，如果企业的仓库里有一些适合做"拍一发二""拍一发三"活动的小物件，也可以选为企业号推广的产品。

### （3）质量高于或价格低于市场同类的产品

一般来说，企业想要在企业号中推广、销售的产品，其他企业也会在其企业号上推广、销售。所以，企业要想自己的产品让用户产生性价比高的感觉，就要选择质量高于或价格低于市场同类的产品。例如，某商家的仓库里有一些牛仔裤，同款牛仔裤在市场上的售价为119元，而在该商家的企业号上这款牛仔裤的售价为99元，并且每条牛仔裤都赠送一条腰带，这就让用户觉得该企业号销售的牛仔裤性价比很高。

### （4）可以做优惠或促销活动的产品

购买能够得到优惠或正在做促销活动的产品，也会让用户产生性价比高的感觉。所以，运营团队在为企业号选品时也要考虑该产品是否可以做优惠或促销活动。一般来说，绝大部分产品都可以做优惠或促销活动，但具有以下三个特点的产品不宜做优惠或促销活动。

**一是质量上乘、档次高的小众产品，比如玉器、艺术品等。** 这类产品如果做优惠或促销活动，不仅难以让用户产生性价比高的感觉，反而会降低用户对产品品质的可信度。

**二是成本高、利润空间非常小的产品。** 这类产品如果做优惠或促销活动，就会压缩利润空间，导致企业亏本。虽然对企业来说，亏本是难以避免的，但企业号推广产品的目的是提高销量，力争打造爆款。一旦可能存在亏本的产品成为爆款，这种情况对企业来说就是灾难性的。

**三是库存量不足的产品。** 做优惠或促销活动会让产品成为爆款的概率大大提升，如果产品的库存量不足导致后期无法正常发货，就会极大地影响企业的信誉。所以，若产品的库存量不足，则不宜做优惠或促销活动。

当产品满足以上三点中的任意一点要求时，这款产品就不适合选为做优惠或促销活动的对象。所以，运营团队要根据产品的实际情况做出是否要在企业号上做优惠或促销活动的决策。

总之，性价比高且实用的产品更容易吸引用户的目光，也更容易让用户点击购买链接。因此，企业在选品时要选择一些高性价比、有实用价值的产品，以提升产品的转化率。

## 4 选品逻辑四：新奇、有趣

从心理学的角度看，人们都有猎奇心理。猎奇心理是受众心理的一种，即人们获得有关新奇事物或新奇现象的心理状态。当看到一个新奇、有趣的事物时，人们会有想要一探究竟的心理需求。尤其在互联网时代，新鲜事物层出不穷，也不断吸引着人们的视线。在本章的第三节中，笔者提到短视频的主要用户是年轻人，而年轻人对有趣好玩的事物会更加关注，也更愿意尝试。他们追求流行、喜欢独特，对有趣、好玩的东西有着天生的好奇心。

曾有一款泡泡面膜在短视频平台上受到很多用户的追捧。这款产品的特点是面膜贴在脸上大概1分钟后，就会冒出小泡泡，冒泡过程中还伴有类似"跳跳糖"的声音。小泡泡越来越多，会让用户产生一种"面膜会把毛孔里的脏东西吸出来，能去除老化角质并且提亮肌肤"的感觉。新奇的用法、有趣的体验让这款泡泡面膜迅速成为短视频平台的爆款产品。

**新奇、有趣的产品能够在极短时间内吸引用户的视线，也能让用户因为想要一探究竟而产生立即购买的心理。**这就是笔者要说的企业号选品要遵循的第四个逻辑，即新奇、有趣，这种产品一般有以下三大特点，如图3-4所示。

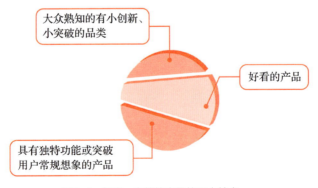

图3-4 新奇、有趣的产品的三大特点

## （1）大众熟知的有小创新、小突破的品类

即便是一个大众熟知的品类，比如服装、卷发棒、面膜、存钱罐、水龙头、化妆镜、投影灯、背包等，只要产品设计中含有新奇、有趣的元素，就会让用户觉得惊喜，让用户想要下单购买，探究其中的"门道"。例如，小猪佩奇社会人手表、无脸男存钱罐、卡通脸水龙头、化妆镜台灯、星空投影灯等。

所以，运营团队在为企业号选品时，要重点关注企业中那些在大众熟知的品类中做出一些小创新、小突破的产品，并且把其中的创新、突破作为核心卖点进行宣传。

## （2）好看的产品

自古以来，好看的东西总是吸引着人们的视线。运营团队在为企业号选品时也可以挑选一些好看的产品，大到造型好看的卷发棒、直发器、小音箱、榨汁机等，小到一个发夹、一对耳钉等。

好看的产品一般具有以下两个特点。

**一是颜色鲜艳。**颜色鲜艳的产品一般能够在第一时间抓住用户的注意力。与灰色、黑色、棕色等暗色系的产品相比，黄色、红色、紫色、绿色等亮色系的产品更容易让用户注意到。尤其是鲜艳的红色、黄色等亮色系在视觉上造成了强烈的冲击感，能打造出丰盈的自然饱和度，容易吸引用户的目光。

**二是造型独特、可爱。**造型独特、可爱的产品也会击中

用户想要拥有的内心需求。以卡通脸水龙头为例，该产品满足颜色鲜艳（瞬间就吸引了用户的关注）、造型可爱、充满童趣的特点，因此让很多用户都难以抗拒。

### （3）具有独特功能或突破用户常规想象的产品

具有独特功能或突破用户常规想象的产品也会让用户觉得新奇、有趣。例如，USB打火机采用双电弧，通过USB插头便可以反复使用。这款产品就突破了用户的常规想象——打火机怎么能充电呢？再如，极速冷饮机，采用ETC半导体芯片，快速制冷15分钟后，水温可下降大约10℃，最低温度可达4~6℃，能够满足人们在夏天渴望快速喝到冷饮的心情，也会因具有独特功能而受到很多用户的喜爱。

新奇、有趣的产品一方面能够在极短的时间里吸引用户的注意力，另一方面也能让用户产生想要拥有这款产品的心理，这些都是打造爆款产品的必要条件。因此，运营团队在为企业号选品时，对具有新奇、有趣特点的产品要重点关注，优先选择。

## 5 选品逻辑五：应季、有亮点

每种产品都是有生命周期的，这在应季产品上体现得尤为突出。顺应季节的产品无疑更容易受到用户的欢迎。

应季产品有着两个明显的优点。

**一是属于人们每个季节的生活必需品。** 例如，夏天的T恤衫、裙子、短裤等，冬天的大衣、棉袄、围巾、打底裤、棉袜、暖手宝、保暖护膝等，到了季节都会出现在人们的必买清单上。这类应季产品成为爆款产品的概率比较大。

**二是让人们产生一种新鲜、健康、时尚的感觉。** 例如，7月应季水果有哈密瓜、荔枝、西瓜、香瓜、火龙果等，7月应季蔬菜有茄子、空心菜、丝瓜、四季豆等，当季出售的瓜果蔬菜能够让人们产生一种更新鲜、健康的感觉。服饰鞋子类的应季产品会让人们产生一种最新款的时尚感觉。

每一个季度都有相对畅销的应季产品，运营团队在为企业号选品时就要抓住"应季"这一特点，增加所选产品成为爆款的概率。当然，仅有应季的特点还是不够的，产品如果过于普通，就会淹没在众多应季产品中，也难以成为爆款产品。所以，运营团队还要在应季的基础上挖掘产品的亮点，选择能够在应季的同类产品中独树一帜的产品。具体来说，运营团队在选择应季产品时要采取以下三个步骤，如图3-5所示。

**（1）综合去年该应季产品的销售情况做出初步筛选**

其实每年都有很多款应季产品，但并不是每款应季产品的销售业绩都非常高。所以，运营团队在选择应季产品时，不要盲目入手，可以参考去年应季产品的销售情况，对市场需求做一个初步的了解。如果运营团队不确定某款应季产品去年的销量如何，那么可以在短视频平台直接搜索该产品查

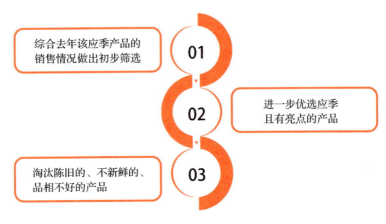

图3-5 选择应季产品的三个步骤

看其他竞争对手的产品销售情况，尤其要关注粉丝量在几十万甚至几百万的短视频账号的应季产品销售情况，如果连他们的销量都很低，那么在很大程度上说明该款应季产品在短视频平台上的需求量并不高。

**（2）进一步优选应季且有亮点的产品**

假设运营团队根据市场调研最终选择了连衣裙作为企业号在7月推广、销售的产品，接下来直接选择几款连衣裙上架就可以了吗？答案是否定的。运营团队接下来要选出有代表性的几款连衣裙作为企业号推广、销售的对象，同时要针对每款连衣裙挖掘不同的亮点。无法找到亮点的产品不适合在企业号上推广、销售。

例如，经过筛选，商家选出了三款连衣裙。A款连衣裙的亮点是款式简洁大方、法式复古，颜色偏向于莫兰迪色系，既适合在私下聚会的场合穿，也适合在稍微正式的场合穿。B款连衣裙的亮点是裙摆有12片，拼在一起就是一朵盛开的花，带褶皱，颜色干净显气质。C款连衣裙的亮点是经典的黑色，看上去很优雅，像花苞一样的裙摆裁剪得非常流畅，而且腰部的剪裁手法也更能展现出腰部曲线。

这些有着明显亮点的连衣裙不仅能够让用户产生购买的需求，也会产生想要拥有像这样一款时尚好看的连衣裙的心理渴望，将这几款连衣裙放在企业号上推广、销售的效果显然会更好。一般亮点越多的应季产品越让人信服，成为爆款产品的概率也越大。

### （3）淘汰陈旧的、不新鲜的、品相不好的产品

与进一步优选应季且有亮点的产品相对的是，企业号选品时要淘汰陈旧的、不新鲜的、品相不好的产品。虽然看似淘汰陈旧的、不新鲜的、品相不好的产品是一件顺理成章的事情，但运营团队有时反而忽视了这一点，例如，服装类应季产品出现多线头、小漏洞、污渍等问题；瓜果类应季产品出现干瘪失色、皮糙、颜色不新鲜、小黑点等问题，这些问题的出现十分影响用户对应季产品的感觉。因此，运营团队要多选择时尚的、美丽的、新鲜的、品相饱满的应季产品。

综上，即便是应季产品，企业也要在此基础上做好筛选的工作，既要根据去年应季产品的销量做出判断，又要优先选择有亮点的、新鲜的、品相好的产品。

## 6 选品逻辑六：有社交属性

人是有社交需求的，而产品又是人们在拓展社交时的重要连接点。所以，企业在选品时，也要关注产品是否具有社交属性。**具有社交属性的产品往往自带流量和传播性，而且会随着社交人数的裂变产生更大的影响力。**

具有社交属性的产品有很多种，如茶叶、酒等产品，用户购买后可以用来送人，并且"茶文化""酒文化"也让人津津乐道，在相互交流间加深了彼此的社交关系。

2017年泸州老窖推出了一款"香水"，把酒瓶外观设计成香水瓶的模样。粉色的瓶子，粉色的流苏，看起来十分精致美丽。酒的"烈""硬汉"形象与香水的"柔""淑女"形象形成鲜明的对比，这种看似毫无关联的跨界充分调动了大众的好奇心，话题讨论的热度在各大社交媒体上持续升温，产品的销量也一路飙升。

泸州老窖推出的"香水酒"就是典型的具有社交属性的产品。产品本身自带话题，人们在对话题的相互讨论中满足了社交需求。

除了实体的产品，一些具有社交属性的虚拟产品也容易在用户之间传播开。例如，某读书会的会员、准会员（注册

过的体验者）享有一种特权，只要用户将读书会的链接分享
给好友，好友下载注册后就可以得到7天的免费试听权力，
分享的用户也可以得到相应的积分奖励。用户分享的过程就
是传播的过程，该读书会正是通过分享快速实现了用户裂变。

在企业号上推广、销售产品，从某种程度上说，用户购
买的不是产品，而是产品传递出来的感觉。如果产品有趣、
好玩，带有社交属性，就可以成为用户之间讨论的话题，那
么这款产品才更有可能打动用户，让用户购买、转发、传播。

因此，运营团队在为企业号选品时，一定要重点关注那
些具有社交属性或具有潜在社交属性的产品。具体来说，运
营团队可以从以下两点进行思考和判断，如图3-6所示。

图3-6　筛选具有社交属性产品的两点判断标准

### （1）产品是否具有让用户想要分享的包装和设计

一般情况下，一款产品首先吸引用户的一定是它的包装
和设计。尤其在产能过剩的时代，有趣、有创意的包装和设

计不仅是提高产品关注度、提升产品销量的有效途径，更是打造产品的社交属性、引发话题传播的重要策略。

曾经在网上受到大量用户追捧的"棉签口红"就是凭借创新设计让用户自发讨论、传播，最终成为爆款产品。"棉签口红"的外观跟一般的棉签差不多，只不过中间的空心圆管里面装着"染色口红水"，拧开圆管之后，"染色口红水"就会流到棉签头部的棉花上，用户就可以当作口红来使用。每一支棉签都独立包装，不但安全而且方便携带，极大地满足了用户随时补妆的需求。此外，单支的独立包装设计，也方便用户与其他人分享。如果对方用得很开心，那么对方也会被"种草"，再与其他人分享，形成裂变传播。因此，"棉签口红"问世之后，备受广大用户的关注，迅速在各大社交媒体广泛传播和"种草"。

与"棉签口红"类似的产品还有"彩妆卡"。一张"彩妆卡"集眼影、高光、唇膏、腮红等多款彩妆产品于一身，基本满足了用户一次补妆的所有需求，使用方便。"彩妆卡"与"棉签口红"一样也独立包装，可以单张使用，所以"彩妆卡"具有分享功能，用户可以直接拿出几张分享给其他人，或者跟其他用户交换颜色以尝试不同的风格。

简单方便的包装、极具创意的设计是"棉签口红"和"彩妆卡"等爆款产品受到用户热议、追捧的关键原因。因此，运营团队在为企业号选品时要对产品的包装和设计进行深入研究和分析，挖掘出让用户想要分享或方便分享的特点。如果运营团队在产品上找不到这样的特点，那么该产品就要谨慎选择。

### （2）产品是否适合用于交际

笔者在前面已经提到，适合用于交际的茶、酒等产品天然具有社交属性。一款产品是否用于交际关键在于交际的场合，例如，春节期间拜年的各种礼品，原本可能不是用于交际的，但在拜年的特定场景下，它们被用于交际，也就具备了社交属性。再如，图书本身也不是用于交际的，但在读书会这样的特定场景中，会员之间相互赠书用于交际，这就让图书具备了社交属性。

某销售员为了感谢一个老客户对他的照顾，特地花两百多元买了两双某奢侈品牌的袜子送给老客户。老客户收到袜子之后非常惊喜，开心地说："我从来没有穿过这么贵的袜子。"

袜子本身不是用于交际的，但当销售员把它送给老客户时，它就具有了社交属性。

所以，运营团队在为企业号选品时，可能会发现企业里的产品几乎都不具有社交属性，这也是个事实。运营团队需要做的是，对每款产品的使用场景进行深度分析，寻找可以让该款产品用于交际的场景，并把这个场景用视频的形式展示在企业号上。

如果经过苦思冥想后运营团队依然没有找到产品可以用于交际的场景，那么是否选择该产品在企业号上进行推广、销售就要参考其他选品逻辑进行谨慎考虑。

综上，企业在选品时，一方面可以选择有天然社交属性、有趣好玩、能够让用户分享的产品；另一方面可以自行创造能够体现出社交的场景，引导用户将企业号中推荐的产品用于社交中去。无论如何，一旦产品具有了社交属性，其在短视频平台的转化率就能够大大提高。

 **选品逻辑七：供应链有保障**

不少运营团队在选品时常常将关注点放在产品本身，却忽略了产品背后的供应链。如果运营团队选中的某款产品成了爆款，但是后方却没有充足的供应链保障，不仅会影响产品发货、售后等环节的工作，还会有损企业形象。最重要的是，对于企业号来说这种失误将是致命的，可能会直接导致企业号再也运营不下去。

因此，运营团队在为企业号选品时，除了要对产品本身进行全面的考量，还要关注产品背后的供应链。这也是企业号选品时需要遵循的第七个逻辑，即选择供应链有保障的产品。

具体来说，运营团队在为企业号选择供应链有保障的产品时需要做的三个步骤，如图3-7所示。

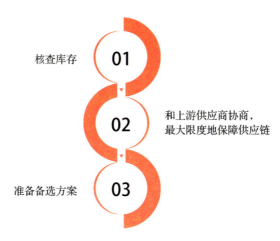

图3-7　选择供应链有保障的产品时需要做的三个步骤

### （1）核查库存

了解供应链的第一步就是核查库存。

首先，选品人员要了解企业所有产品的库存数量如何，是库存数量超额、饱和，还是库存数量不足，并将每款产品的库存数量记录在册，标记出库存数量不足的产品。在此基础上，选品人员还要核查这些产品当前的品质状况，包括是否出现损坏、发霉、过期等情况，并将这些有问题的产品清理出来。

其次，选品人员要将库存数量不足的产品或者因出现问题（比如产品发生霉变）而导致库存数量不足的产品上报给相关人员，寻求解决办法。

### （2）和上游供应商协商，最大限度地保障供应链

在发现产品库存数量不足或者库存产品因质量问题（比如过期）而无法保证正常供应后，选品人员就要和相关人员一起解决问题。例如，与上游供应商协商或者放弃选择该款产品。

如果直接选择放弃供应链得不到保障的产品，运营团队就可以将目光转向别的产品。

如果打算与上游供应商协商，企业就要做好后续工作。例如，询问并确认该产品的供应商是否能够提供充足的产品，或者是否能够最大限度地保障货源充足。换句话说，如果企业出现断货，上游供应商是否能够快速方便地补充货源。

除了要确认是否能够获得充足的货源，企业还需要进一步跟上游供应商确认快速补货的方式，例如，在企业需要货源时，供应商是否能够立即就近从仓库向企业调货。随着科技的发展，企业也可以跟上游供应商协商，采取在线补货的方式，即企业绑定上游供应商之后，可以直接进入上游供应商的网上商城进行补货，自动生成订单，上游供应商只负责确认订单并发货。这也是短视频带货越来越常见的补货方式。

企业在与上游供应商协商的时候，要与他们签订承诺书，以增大他们履行承诺的可能性。

## （3）准备备选方案

企业与上游供应商协商之后，企业也取得了他们的签订承诺书，但这并不意味着万无一失。为了防止意外情况发生，例如，联系好的上游供应商因为某种原因不能及时提供货物，企业还是要准备备选方案，寻找其他可替代的上游供应商作为自己的备选项。如果之前联系好的上游供应商出现问题，企业就可以立即寻找替代的上游供应商以保证产品货源充足。

为了能够最大限度地对购买产品的用户负责，在寻找可替代的上游供应商时，企业要重点考察可替代的上游供应商的信誉和产品质量。在对可替代的上游供应商的信誉进行考察时，企业可以使用查询企业信息的应用程序对可替代的上游供应商的情况进行全面了解，也可以向同行打听可替代的上游供应商的信誉情况。在对可替代的上游供应商的产品质量进行考察时，企业需要派专业的技术人员到可替代的上游供应商那里深入了解产品的生产过程、生产工艺，同时还要对产品进行严格的质检。

确保产品的供应链有保障是七个选品逻辑中的最后一个选品逻辑，也是最容易被运营团队忽视的一个选品逻辑。准确地说，企业号中推广、销售的任何一款产品都要确保供应链有保障，否则一旦产品成为爆款却没有充足的货源，这不仅会让运营团队的工作陷入极端混乱的局面，还有可能导致企业陷入危险境地。

第 **4** 章

# 内容策略：

## 爆款短视频的
## 策划与制作

好的内容是一个短视频成为爆款的必备条件，也是企业号运营的核心策略。因此，短视频的策划与制作是企业号运营中一个非常重要的环节。大到确定短视频的主题和内容，小到确定短视频的标题、封面、音乐、画面、文案和时长，运营团队需要对这些掌握一定的技巧。

# ① 以产品为中心策划内容

宣传、销售产品是企业号运营的核心目的之一。然而，不少运营团队在做企业号的短视频内容策划时，常常会犯以下两个错误：

一是将企业号运营中的短视频内容策划等同于一般创作者的短视频内容策划，并没有在短视频中贯穿企业的品牌和产品。

二是简单地将产品放到短视频中或者录一段产品口播，难以实现宣传、销售产品的目的。

因此，这两种内容策划方式既不能吸引用户，也不能给用户留下深刻的印象，更无法通过运营企业号达到宣传品牌、带动产品销量的目的。好的企业号短视频一定是围绕产品展开的，即以产品为核心，策划、制作与产品相关的优质短视频，将产品包装成内容，向用户生动形象地传递产品的价值，从而实现营销的目的。要想做到这一点，企业号运营团队就需要满足以下三点要求，如图4-1所示。

## （1）以产品目标用户的需求为中心

以产品为中心策划短视频内容时，运营团队首先就要明确产品的目标用户。产品的目标用户往往是基于一个共性的需求来消费和使用产品的特定人群。明确的用户画像和用户

图4-1　以产品为中心策划内容的三点要求

喜好对运营团队策划与制作短视频有着重要意义。

因此，运营团队一定要先明确产品的目标用户是谁，他们有什么特征，他们对什么样的短视频比较感兴趣，他们有什么样的消费习惯等。在这些信息的基础上，运营团队再去策划短视频内容，制作目标用户喜欢的短视频。

以轻食简餐店的企业号运营为例。轻食简餐以操作简单、出餐快、果腹、止饥、分量不多，低糖、低脂、低盐，以蔬菜水果为主等特点和优势受到越来越多的人喜爱。轻食简餐的目标用户以一、二线城市的"80后""90后"为主力军，他们大多为公司的职员、大学生等崇尚健康的年轻人群。这类人群喜欢时尚，崇尚健康，也喜欢能够传递出时尚、健康理念的视频内容，所以运营团队可以围绕时尚、健康的理念去策划短视频内容，既能凸显轻食简餐的优点，又传递出该产品推崇的时尚、健康理念，吸引目标用户的关注。

虽然短视频内容的策划与制作要以产品为中心，但并不是说短视频等同于产品的广告片。短视频如果只是类似于一个介绍产品的广告片，就很难吸引短视频目标用户的关注。优秀的、以产品为中心的短视频是在充分满足目标用户的消遣娱乐、获取价值等核心诉求的基础上，充分展示产品，吸引目标用户购买。

### （2）以产品的核心功能为中心

以产品为中心策划短视频内容的第二点要求是要明确产品的核心功能，即产品能够帮助用户解决什么问题，目标用户为什么要使用该产品或者目标用户在什么情况下需要使用该产品。这些问题的答案背后就是产品的功能，尤其是独特的、非常有价值的核心功能。

例如，一款口红能够帮助用户解决嘴部干燥起皮、唇色不够好看等问题，所以当短视频中的主播强调她手中的口红颜色非常好看、很显皮肤白、很滋润特点时，用户自然就联想到自己想要解决的问题，进而产生购买的需求。

虽然一款产品可能具备很多功能，但在某种程度上说，用户可能会只因产品的某个核心功能或者某个其他功能而购买产品。尤其在短视频平台上，各种短视频中推荐的各种产品让用户应接不暇，短视频中展示的产品如果没有凸显能够快速打动目标用户的一个核心功能，就将难以吸引用户的目光。因此，在回答"产品能够帮助用户解决什么问题"这个问题时，运营团队一定要找到最核心、对目标用户最具有吸引力的产品功能，然后围绕该功能策划、制作短视频内容。

## （3）以产品的特点为中心

特点是产品所具有的特别或特殊之处。以产品的特点为中心策划短视频内容，有助于凸显产品的独特之处，快速吸引目标用户的关注。例如，"悬浮天鹅汤勺"这款产品是运用不倒翁的原理设计出来的，因此能够很好地悬浮在汤面上，保持良好的平衡。"能够悬浮在汤面上"就是这款汤勺区别于其他汤勺的独特之处，运营团队可以围绕这个特点策划短视频内容。这款汤勺不仅操作方便，画面也非常有吸引力。总之，运营团队在策划企业号短视频的内容时，绝对不能脱离产品本身，天马行空地去想象，而是要以产品为中心，深度挖掘产品的目标用户需求、核心功能、特点等方面的素材，再利用短视频讲述一个动人的故事，让目标用户在被短视频吸引的同时也被短视频中的产品"种草"，产生购买的需求。

# ② 爆款基因：有趣味，有价值，有"颜值" ▶▶

2019《短视频平台用户调研报告》显示，80%的用户选择短视频平台是为了"浏览有趣的视频内容"，而"学习有用的知识和技能"紧随其后，占比高达65%。可见，有趣味、有价值的短视频更容易吸引用户。尤其在充满压力的工作和生活中，有趣味的短视频能够迅速地缓解人们紧张的精神，而有价值的短视频也成为人们碎片化学习的资料来源。除了有趣味、有价值的短视频，很多用户也容易被有"颜值"的短视频吸引。例如，李子柒拍摄的美食短视频意境非常唯美，她用一餐一饭让四季流转与时节更迭重新具备美学意义，因此受到世界各地用户的追捧，几乎每一个短视频都可以成为爆款。

因此，要想为企业号打造爆款短视频，运营团队可以从有趣味、有价值和有"颜值"三个角度创作短视频，如图4-2所示。

图4-2　有趣味、有价值和有"颜值"的具体含义

**（1）有趣味**

很多用户喜欢观看有趣味的短视频。用户如果观看后获得了一种强烈的愉悦感，就会点赞、评论和转发该短视频。从某种程度上说，有趣味是用户喜欢观看短视频的重要动因。

因此，即便是制作与产品相关的短视频，运营团队也要尽可能让短视频更有趣味，或者以有趣味的方式将产品呈现出来，吸引用户的目光。具体来说，运营团队可以将想要展示的产品融入到有趣味的情景剧或者"段子"中，或者挖掘产品具有趣味性的特点并展示出来。

例如，某款白酒的酒瓶上印有不同的"段子"，运营团队可以针对这些"段子"创作不同的情景剧，既有趣又贴合产品的特点。例如，"沙漏茶杯"这款产品在茶杯的底部设计了一个小沙漏，沙漏漏完的时间刚好是泡茶的最佳时间，不但可以帮助用户更加精准地控制泡茶时间，在视觉上也非常有趣。像这样的产品本身就具有趣味性的特点，所以并不需要太多的创意，只要简单地拍摄其使用过程就可以制作一个有趣的短视频。

总之，切不可为了"有趣味"而创作脱离产品本身的短视频，一定要将产品的特点和趣味性融合在一起。如果只是发布了一个有趣的短视频，在短视频中强硬地植入产品，营销价值将大打折扣，也非常不利于企业号的运营发展。

## （2）有价值

有价值的短视频具体表现在两个方面。

**一是用户能够从短视频中获得有用的知识、信息等。**例如，某牙科品牌常常在短视频中向大家介绍一些保护牙齿的小知识等。

**二是短视频中所传递的价值能够引发用户的共鸣，让用**

**户从中得到一些启示和思考。** 例如，某企业号发布的短视频主题非常贴合人们的实际生活，该企业号常常以身边人和社会大众的切身生活体验和经历为素材创作短视频，所以该企业号的短视频经常能引起用户的广泛共鸣。

但是，对于企业号来说，有价值的短视频也必须要和企业的产品紧密联系在一起，否则就失去了营销价值。运营团队可以围绕产品的使用方法、使用场景等方面创作一些解决实际生活问题、提升某项技能、分享某方面常识等短视频。例如，某美妆店的企业号围绕口红产品创作了一系列不同的口红如何搭配服装的短视频，得到了用户的热捧。

相较于有趣味来说，和产品紧密相关的有价值的短视频要更容易创作，几乎任何一款产品都具有一定的功能，把这些功能细分到不同的场景、不同的问题中，就可以创作出有价值的短视频。

### （3）有"颜值"

有"颜值"的短视频有两层含义。

**一是出镜人物好看。** 所谓"爱美之心，人皆有之"，在观看短视频内容时，用户常常更愿意将目光停留在长相靓丽、精神饱满、仪态大方的人身上。如果短视频的出镜人物拥有高颜值，能有效提升用户的点击率和停留率。例如，某美妆品牌旗下有一个长相气质俱佳的女模特，她每次在短视频中向用户展示美妆技巧时，都能吸引数十万的用户点赞、评论和转发短视频。

不过，随着美颜技术的发展，人们对短视频中过于完美的人物形象也逐渐产生了审美疲劳，反而是清新自然、仪态大方的人物形象越来越受欢迎。所以，运营团队也不必过于追求颜值很高的出镜人物，更不必为了颜值而过度使用美颜技术。对于企业号来说，短视频的核心还是产品，过于关注颜值反而会让产品黯然失色。在企业号的短视频中，自然、大方的出镜人物反而更合适。

**二是画面唯美。**它指短视频的画面精美，而不是简单、粗制滥造地拼凑。精美的画面一般具有简洁流畅、清晰干净等特点。要想达到画面精美的要求，运营团队就要重点提高团队成员的短视频拍摄和剪辑技术。

在拍摄时，拍摄人员要确保画面有主色调、背景简洁不杂乱、光线充足，并灵活运用各种镜头语言，如俯拍、仰拍、远景、中景、近景、特写镜头等。

在剪辑时，剪辑师一方面要按照剧情要求剪辑，另一方面可以尝试不同的剪辑手段以使画面更加精美。例如，通过"画面风格"功能中的"美化"面板，剪辑师可以使用"人像调色""画面色调""胶片色调""复古色调"等各种一键应用的调色和美颜功能。另外，剪辑师也可以旋转视频、翻转视频，为视频添加各种特效，如炫光特效、雨中水波特效、涟漪特效、震动视觉效果（即镜头晃动），以及水墨渲染、烈火燎原、花瓣飞舞、云雾弥漫、水波粼粼等各种顶级动景特效，让画面更显唯美。

除了从技术层面让画面更加唯美外，运营团队也要坚持认真负责的态度，以长期经营的心态去制作优质的短视频，最大限度地增加短视频成为爆款的机会。

综上，运营团队要想打造爆款短视频，就要从有趣味、有价值、有"颜值"的角度去策划、创作、制作短视频，让短视频充满吸引力。

## ③ 为产品创作一个动人的故事

故事是人们最容易接受的传播方式，许多优秀的产品、传奇的人物，都是由一个个生动的故事构成的。在短视频企业号运营中更是如此，要想产品能够吸引用户的关注，打动人心，企业号的运营团队就要学会为产品创作一个动人的故事。

2020年，一位卖芭蕉的大爷在微博上走红。视频中，这位广西大爷为了帮儿子卖芭蕉，自编广告语，喇叭里喊出"绿蕉吃一口，焦虑都得走""想要生活过得去，得吃芭蕉配点绿"，被网友大呼"文案奇才"。

这位广西大爷之所以吸引了广大用户的关注，是因为他为自家的产品——芭蕉，创作了一个动人的故事。这位广西大爷通过将芭蕉的"蕉绿"特征和现在很多人都有的焦虑，运用谐音巧妙地连接在一起，使原本平平无奇的芭蕉背后也有了故事，引起了用户的关注。

互联网时代，故事自带流量和声量。所以，运营团队要学会用创作故事的方式在企业号上介绍产品，吸引目标用户的关注。

一般来说，一个动人的故事常常有三种表现形式，如图4-3所示。

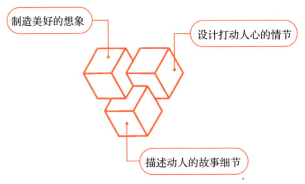

图4-3　动人的故事常见的三种表现形式

**一是制造美好的想象。**人们都喜欢美好的事情，也喜欢在美好的事物上寄托自己的想象和愿景。如果运营团队能以产品为基础制造美好的想象，用产品展现出人们所寄托的美好愿景，并以故事的形式表现出来，就将很容易打动用户。

**二是设计打动人心的情节。**动人的故事一般都会有打动人心的情节，而打动人心的情节往往与人的情感相联系，包括亲情、友情、爱情等人与人之间的情感。此外，打动人心的情节还包括励志、奋斗、逆袭等。

**三是描述动人的故事细节。** 故事的细节也容易激起用户的兴趣，例如，某品牌啤酒的销量一直提升不上去，后来策划人员为他们的啤酒设计了一个故事并通过短视频的形式发布在他们的企业号上。短视频详细地展示了啤酒生产的每一个细节——先从很深的地下取水，然后使用传统的蒸馏发酵工艺，接着进行麦汁发酵、过滤、煮沸并添加酒花，最后进行酒花糟的分离和热凝固物的分离及冷却。这些细节既让用户感到耳目一新，又展示了该品牌啤酒的生产工艺。随着短视频的传播，该品牌啤酒的销量也开始不断攀升。

运营团队在为产品创作故事的时候，可以从以上三种表现形式进行设计，只要最终短视频讲述的故事符合其中一种表现形式，就是一个好的故事。当然，创作故事并不是那么容易的事，需要深入的分析、研究，系统的思考、创作。一般来说，想要为一款产品创作故事，运营团队可以按照以下三个步骤进行思考。

**（1）这个故事要表达什么，是否能引起用户的广泛共鸣，是否契合品牌和产品的定位**

运营团队在为产品创作故事时，首先要明确三点。

**一是这个故事要表达什么，即确定故事的主题和表达逻辑。** 这个故事既能为接下来的短视频拍摄提供方向，又能让用户看得明白。

**二是这个故事是否能够引起用户的广泛共鸣，即找到故事和用户之间的情感连接。**

　　**三是这个故事是否契合品牌和产品的定位，即故事要围绕想要推广的品牌和产品进行创作。**例如，某品牌的定位是高贵、冷艳，但故事的氛围却是温暖、接地气。虽然一个温暖、接地气的故事更容易引起用户的广泛共鸣，但与品牌定位不相符，这很难将品牌传递到用户的心中，甚至会让用户对品牌产生认知混乱，这也是一种损失。所以，故事传递的氛围、情感、文化与品牌和产品的定位相契合是非常重要的一件事。

　　例如，某感冒药品牌曾经拍摄了一个短视频《有人偷偷爱着你》，视频的开头就打上了"取材于真实故事"几个字，很好地将观众带入到情境中。视频的前半部分构建了一个极度冷漠的社会，让观众的心情跌到谷底，觉得世事艰难，人情冷漠。然而，视频的后半部分内容开始对前半部分故事情节逐步进行反转——无人关心的抑郁症患者收到了来自无数陌生人回复的关心，之所以报刊亭老板突然对想要购买报刊的顾客暴怒，是因为报刊亭老板想要吓跑小偷，交警突然拦下急着开会的企业职员的汽车，是为了帮他将汽车的油箱门关上……原来这个世界其实并不是我们所看到的那样冷漠，而是处处充满了温情和感动。

　　前后强烈的对比极具戏剧效果，同时，观众在观看的过程中心理层面也出现"一冷一热"的反转，会更容易被后半部分的温暖情感所打动，产生强烈的情绪波动。观众在被这个故事感动的同时，也深深记住了该品牌的感冒药传递出的"温暖"精神。

这个故事就非常符合该品牌和产品的定位——温暖。企业创作了一个温暖的故事，既引起了用户的广泛共鸣，又很好地传递了产品精神，让用户对该品牌和产品产生了更深刻的理解和记忆。

由此可见，以上三点并不是顺序先后的关系，而是相互联系，缺一不可。

### （2）故事要从哪里切入，如何与产品产生连接

从某种程度上说，为产品创作故事最难的部分是从哪里切入，如何与产品产生连接，并且让观众觉得这种连接是理所应当的。

常见的产品故事有两种切入方法。

**一是从问题切入。** 即产品的目标用户遇到了一个什么样的问题或者因为哪个方面的问题而感到非常困扰，以此作为故事的开始。然后，围绕产品如何解决故事开头提到的问题而层层展开，既很好地宣传了产品的功能和价值，又能让被同样问题困扰的用户产生购买需求。

**二是从剧情切入。** 即围绕某一个剧情展开故事的创作，如情侣吵架、参加聚会迟到、被别人误会等。从剧情切入一个故事，其优势比较明显。首先剧情切入更有故事感，也能快速地将用户带入情境中，吸引用户继续观看短视频；其次随着剧情的深入，用户的情感也会跟随剧情人物产生波动；最后将产品的特点、功能或精神植入剧情中，也不会显得过分突兀，会让用户更容易接受。

故事不管如何切入，都必须和产品产生连接，这才算是一个好的产品故事。一般来说，故事与产品产生连接的点包括产品的特点、功能和精神等。例如，"柠檬片蒸汽散热器"外形是一个柠檬片，用于防止溢锅而把锅盖支起来。运营团队可创作一个主妇面对溢锅而出现手忙脚乱、灶台上一片狼藉的场景，最后主妇通过一个"柠檬片蒸汽散热器"轻松地解决了这个问题。这个故事既与产品产生了连接，又能很好地展示出产品的价值。

## （3）故事的内容和情感是否符合企业号目标用户的审美需求和情感需求

完成以上步骤之后，一个主题明确、逻辑清晰的产品故事思路基本上就诞生了。但是，这个故事到底是否适合拍成短视频发布在企业号上呢？运营团队还需要非常仔细地进行考量——故事的内容和情感是否符合企业号目标用户的审美需求和情感需求？这是非常关键的一点，也是过于注重创意和标新立异的运营团队很容易忽视的一点。

如果故事传递的内容和情感与企业号目标用户的审美需求和情感需求相悖，那么产生的负面影响将不可估量，不但会影响到企业号的正常运营，甚至会对品牌和产品产生致命的打击。例如，涉嫌低俗表演、物化女性、丑化英雄人物等内容如果出现在短视频中，不仅会被众多用户谴责，还会影响产品和品牌的形象，甚至被用户拉入"黑名单"。

总之，为产品创作一个动人的故事是短视频企业号的最重要的运营思路之一。但是，运营团队绝对不可以为了提升短视频的点击量、播放量而投机取巧，创作一些和企业的品牌、产品不相关，甚至违背用户的审美需求和情感需求的故事。只有和企业的品牌、产品深度关联，并且符合主流价值观的故事才能有效提高短视频的营销效果，为企业号带来可观的流量。

## 4 短视频脚本的策划与撰写

脚本是企业号拍摄短视频的依据。一切参与短视频拍摄、剪辑和制作的人员，包括摄影师、演员、服化道具师、剪辑师等，他们的一切行动都是服从于脚本的安排。例如，在什么时间点出现什么画面，如何运用镜头，景别是什么样的，要准备什么样的服装和道具，出镜人物的妆容如何设计等，这些都要根据脚本来布置。这些也构成了短视频脚本的七要素：景别、画面内容、台词、时长、运镜技巧、音效、道具。

可以说，短视频脚本的最大作用就是提前统筹安排好每一个人每一步要做的事情，给后续的拍摄、剪辑、道具准备等提供流程指导，进而提高短视频的拍摄效率，提升拍摄效果。在短视频企业号的运营团队中，短视频脚本的策划与撰写一般是由编导负责。具体来说，编导在短视频脚本的策划与撰写环节，要做好以下三步工作，如图4-4所示。

图4-4 短视频脚本的策划与撰写的三个步骤

## （1）第一步：明确主题并搭建框架

编导在策划短视频脚本时，首先要明确主题并搭建框架。

明确主题即确定短视频的内容方向。这一点笔者在前面都介绍过，短视频企业号发布的内容首先要以产品为中心，其次还要符合目标用户的需求和喜好，这是明确短视频主题必须提前考虑的两个问题。一般来说，短视频的主题是由企业号运营团队和产品研发团队、市场营销团队等相关团队一起确定的。所以，在编导创作脚本时，明确的主题更有利于编导对其进行深度解读，从编导的角度分析：该主题的目标受众是谁，具有哪些特点；该主题想要表达的核心内容是什么，以怎样的形式表达更加合适。这些是编导创作脚本的起点，也是始终贯穿脚本的核心点。

搭建框架即根据主题方向以及表达形式确定短视频的表达逻辑。一般是以角色、场景、事件为核心搭建框架，即什么人在什么场景下做了什么事情等。框架的核心一般和笔者在上一节中讲到的"故事要从哪里切入，如何与产品产生连接"内容相近。最终搭建的框架可以参考以下三种模板。

模板一：标题（问题）—结论（答案或观点）—举例（故

事或案例）—总结—引导语（关注企业号或购买产品）。

模板二：标题（问题）—答案（答案1、答案2、答案3……）—引导语（关注企业号或购买产品）。

模板三：标题（结果）—具体阐述结果（数据、案例）—怎么做到的（流程和细节）—总结—引导语（关注企业号或购买产品）。

主题和框架是短视频脚本的骨干，是决定短视频带给用户观感的核心，所以建议编导完成之后再跟企业号运营团队的其他人员一起探讨以确定最佳方案。

### （2）第二步：撰写分镜头脚本

分镜头脚本是短视频脚本撰写的核心工作。分镜头脚本的作用就像是建筑大厦的蓝图，是摄影师进行拍摄、剪辑师进行后期制作的依据，也是出镜人物和所有创作人员领会编导意图的基础，更是理解脚本内容进行再创作的根据。如果分镜头脚本写得好，那就对后期拍摄有重要的辅助作用，也能让视频剪辑过程更顺畅。因此，编导撰写分镜头脚本时要详细写明每一个镜头的内容、每一段视频的拍摄时长、每一个景别的用意等，内容越详细越好。

通常分镜头脚本包括画面内容、景别、时长、运镜技巧、音效等，如图4-5所示。

**一是画面内容。**详细写出画面里场景的内容和变化，包括简单的构图等。

**二是景别。**景别包括远景、全景、中景、近景、特写，

图4-5 分镜头脚本的内容

不同景别下的人物所突出的情绪和动作不同。例如，中景是拍摄人物膝盖至头顶处，在看清楚人物表情的同时，还能展现人物的形体动作。编导需要确定每一个画面应该出现的景别，这样才有助于后期拍摄。

**三是时长。**时长指的是单个镜头的时长，编导一定要提前标注清楚，方便剪辑师在剪辑的时候找到重点，提高剪辑的工作效率。

**四是运镜技巧。**运镜指的是镜头的运动方式，如由近到远、平移推进、旋转推进等。一般在短视频拍摄中经常用到的一些运镜技巧，包括前推后拉、环绕运镜、低角度运镜等。

**五是音效。**音效是指由声音所制造的效果，目的在于增强场面的真实感、气氛或强化戏剧效果。不同的画面需要不同的音效，这也需要编导在分镜头脚本中写清楚。例如，在某个画面中添加将用户的情绪带到高潮的音乐等。

编导在撰写短视频的分镜头脚本时可参考以下案例，如表4-1所示。

表4-1 某企业号的某期短视频的分镜头脚本

| 镜号 | 景别 | 技巧 | 时间 | 画面 | 解说 | 音乐 | 备注 |
|------|------|------|------|------|------|------|------|
| 1 | 全景 | 侧面，移镜头，降镜头 | 2秒 | 下班高峰期，人潮涌动，急速走动的脚步 | 镜头由人的上半身往下移动，特写匆匆前行的脚 | 嘈杂的脚步声 | |
| 2 | 中景 | 侧面，摇镜头 | 2秒 | 一个穿着高跟鞋的年轻女性在路边拦车 | 年轻女性的神情有些着急 | 滴滴答答的下雨声 | |
| 3 | 中景 | 特写，摇镜头 | 2秒 | 有一个人撑伞走过的，有两个人共同撑着伞走过的…… | 年轻女性在人群里显得更失意 | 下雨声，搭配一些急躁的音乐 | |
| 4 | 中景 | 半侧面，推镜头 | 2秒 | 年轻女性低头看着脚上的高跟鞋，轻轻地踩了踩脚 | 年轻女性的表情犹豫，纠结 | 下雨声，搭配一些急躁的音乐 | |
| 5 | 全景 | 移镜头，推镜头 | 3秒 | 年轻女性从包里拿出了一双平底鞋，换掉了高跟鞋 | 年轻女性的心情随着换鞋的动作也变得轻快 | 下雨声，此时音乐也从急躁转变为轻快 | |

续表

| 镜号 | 景别 | 技巧 | 时间 | 画面 | 解说 | 音乐 | 备注 |
|---|---|---|---|---|---|---|---|
| 6 | 远景 | 正面，跟镜头 | 3秒 | 穿着平底鞋的年轻女性从容地跑进雨中，步伐轻盈 | 年轻女性的表情很放松、愉悦 | 背景音乐此时变得很轻快 | |
| 7 | 中景 | 半侧面—正面移镜头 | 3秒 | 周围的人、事、物仿佛不复存在，只剩下一个安静的灯光世界，年轻女性像是奔跑在这雨夜中的一个发光的精灵 | 凸显年轻女性此刻愉悦的心情 | 轻快的背景音乐 | |
| 8 | 近景 | 正面，俯拍，特写 | 2秒 | 画面定格：年轻女性的脚，平底鞋上印着某品牌的标志 | 品牌标志一定要清晰、特写 | | |
| 9 | | 定帧 | 1秒 | "换个视角，一双鞋子也能让下雨天变得愉悦。"——××平底鞋 | 主题 | | |

## （3）第三步：撰写文学脚本

文学脚本是在脚本框架的基础上按镜头的顺序用语言文字描述出短视频的画面，包括画面背景的介绍，出镜人物的动作、表情、语言、解说词等。文学脚本会将拍摄中的可控制因素罗列出来，如灯光、音乐等；将不可控因素放置在现场拍摄中随机应变，如天然光、风声、汽车鸣笛声等。

编导在撰写文学脚本时可参考以下案例。

<hr>

### 某企业号的某期短视频的文学脚本

下班高峰期，下雨天，人潮涌动，一个年轻女性在路边拦车，但是没有一辆车停下来。

雨依旧在下，年轻女性四处张望，表情有些失落。她看了看脚下的高跟鞋，一天的疲惫工作让此刻穿着高跟鞋的她更是无力支撑。路边依旧是人来人往，有一个人撑着雨伞快速走过，有两个人共同撑着雨伞嬉笑着走过，有人被家人或朋友接走了……年轻女性既没有带伞，也没有人接，纠结地看着脚上的高跟鞋不知道该怎么办。

这时，年轻女性从包里拿出了印有某品牌标志的平底鞋，换掉了高跟鞋，同时，轻快的音乐响起，年轻女性的心情也变得轻快起来，步伐轻盈地跑进雨中。

每个人都有失落的时刻，但是如果我们能够换个视角，积极面对，即使只是把高跟鞋换成平底鞋，也能够从没有带伞

的下雨天的狼狈、沮丧中走出来，拥有愉悦的心情。无论外
界环境如何，我们能拥有一种从容的安定感，就如××平底
鞋，在下雨天依旧优雅、轻盈……

一般来说，短视频脚本最好包括分镜头脚本和文学脚本
两种。如果是只有十几秒的短视频，编导简单地写一下分镜
头脚本即可。

总之，短视频脚本是短视频拍摄和制作的指导性文本，
具有非常重要的地位，企业号运营团队一定要认真对待。

## 5 爆款标题的设计法则

英国现代广告大师大卫·麦肯兹·奥格威（David
MacKenzie Ogilvy）在他的著作《一个广告人的自白》中说
过，用户是否会打开你的文案，80%取决于你的标题。这一
定律在短视频中同样适用。

短视频标题是播放量之源，是决定短视频点击率的关键
因素。即便是内容完全相同的一个短视频，不同的标题也会
带来截然不同的播放量。因此，企业要想打造爆款短视频，
就一定要设计出爆款标题。一般来说，短视频的爆款标题要
遵循以下五个设计法则，如图4-6所示。

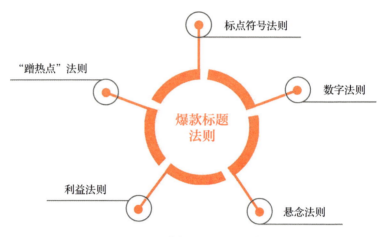

图4-6　爆款标题的五个设计法则

## （1）法则一：标点符号法则

标点符号法则是指短视频标题中带有标点符号，常用的标点符号有逗号、叹号、问号、省略号、冒号等。标点符号在短视频的标题中一般有四种作用。

**一是对文字表达的补充。** 标点符号是对文字的更深层次表达，能够传达文字不能表达出来的情感。例如，"冬天的第一个拥抱，不如冬天的第一顿火锅……"省略号蕴含了未尽的思绪，可以引发用户的深入联想。

**二是表达和激发强烈的情感。** 有的标点符号如叹号和问号等，既能表达强烈的情感，也能激发用户的强烈情感。例如，某餐饮店企业号发布的短视频标题是"秋季必吃美食！三种方法轻松吃，一招更比一招强！"，两个叹号让用户对短视频中展示的美食产生了强烈的好奇心。

**三是突出强调某个事物，引起用户的注意。** 例如，某枕头品牌的企业号发布的短视频标题是"失眠者的福音！教你一分钟内睡着！"，该短视频标题通过叹号强调"失眠者""睡着"，引起失眠者的注意。

**四是能够起到心理暗示作用，让用户对标题中表达的内容更加信服。** 例如，"想要成功解决睡眠问题——这三招最有成效，你都做到了吗？"破折号具有解释说明的含义，能够起到心理暗示作用，能让用户对标题中解决睡眠问题的三招产生更多的信服感，进而更期待短视频的内容。

可见，在短视频的标题中巧妙地使用合适的标点符号不但可以让内容表达更完整，还可以引起用户注意，吸引用户观看短视频。一般来说，在各个短视频平台中，允许出现在短视频标题中的标点符号包括问号（？）、叹号（！）、逗号（，）、冒号（：）、双引号（""）、省略号（……）、书名号（《》）、破折号（——）、波浪线（～）、竖线（｜）等。在短视频平台中不允许出现在短视频标题中的标点符号包括［］【】『』「」｛｝等符号以及非正规省略号（包括英文省略号，中英文连续逗号、句号、顿号模拟省略号）。此外，像双引号、书名号等标点符号一定要成对出现，切不可只使用一半。

当然，每个短视频平台针对标题中标点符号的用法都会有具体的要求，运营团队一定要仔细阅读，遵守短视频平台的规则。

### （2）法则二：数字法则

数字法则是指短视频标题中应用了一些数字。数字在短视频标题中也有四种作用。

**一是数字可以将模糊化或未知的信息具体化，并让用户产生一种短视频的信息量多的感觉。**例如，"泡面的10种创新吃法，3分钟轻松掌握煮泡面的小技巧！"借助"10""3"两个数字将短视频提供的信息点具体化，让用户产生观看的欲望。

**二是用户通过标题可以得出短视频中重点的数量，甚至还会下意识地将自己知道的答案与短视频给出的答案进行对比。**例如，"快速系围巾的7个小技巧，你知道几个呢？"大部分用户可能只掌握一两种系围巾的技巧，看到该标题之后会下意识地进行对比，然后发现可以多掌握五六种系围巾的技巧，认为这个短视频值得一看。

**三是当用户在快速浏览短视频标题时，带有数字的标题一般会抓住用户的视线，用户的视线在带有数字的标题上比在一般的标题上停留的时间更长。**例如，"10分钟化一个适合上班的妆容，就是要你好看！"如果去掉标题中"10分钟"，标题就显得非常普通，而"10分钟"中的数字强化了效率感，更容易吸引用户的目光。

**四是带数字的标题逻辑更清晰，能让用户轻松地从标题上理解内容要点。**例如，"土豆的8种新吃法，吃过3种以上的都是美食家"，用户可以直接从标题中了解短视频的重点内容——8种土豆新吃法。

　　数字在增强短视频标题的价值和吸引力方面有着非常明显的作用。一般来说，知识、技巧分享类的短视频标题非常适合使用数字法则。

### （3）法则三：悬念法则

　　悬念法则一般是指在标题中留下悬念，用户乍看标题时看不懂其表达的意思，形成一种猜疑和紧张的心理状态，内心掀起层层波澜，用户随即开启积极的思维联想，在自己好奇心的驱动下，下意识地想要点开短视频一探究竟，解开悬念。

　　例如，某美妆店企业号发布的某期短视频的标题是"25岁的女生是脱单重要还是脱贫重要？这个视频颠覆你对以上问题的思考！"，该标题通过设置悬念和疑问的方式吸引用户点击观看短视频。

　　悬念法则在标题中抓住的是用户的好奇心理，以吸引用户点开短视频寻找答案。悬念法则是很多短视频创作者在设计标题时经常用到的法则之一，它能有效地提升短视频的播放量。运营团队在设计短视频标题时千万不要错过这一法则。

### （4）法则四：利益法则

　　通常情况下，人们喜欢关注与自己有关或对自己有好处的事情。利益法则正是抓住用户的这种心理，即在短视频的标题中直接点明短视频的内容将带给用户的好处和利益等。

　　例如，"3个小妙招，解决孩子不爱吃青菜的难题，妈妈们赶紧学起来！""这16个Excel函数，帮你完成80%的数据统计工作！""育儿专家刷爆朋友圈的5条养儿知识，赶紧学起来！""你的皮肤为什么比同龄人老了10岁？想要解决问题看这里！"等。这些短视频的标题都表明了短视频内容对用户的价值，都与用户的利益息息相关，很容易吸引用户点开短视频一探究竟。

　　利益法则要与短视频内容策划的价值不谋而合。因此，价值比较明确、突出的短视频可以使用利益法则设计标题。但是，如果短视频的内容没有非常明确的价值，只是讲一个小故事或只是简单的产品展示，最好不要使用利益法则设计标题，否则会让用户产生文不对题的感觉。

## （5）法则五："蹭热点"法则

　　热点意味着流量，"蹭热点"法则是指短视频的标题中提到了一些热点新闻事件、明星、热播剧、热播综艺等，以此吸引用户点开短视频。例如，2020年的热播剧《三十而已》被大家广泛讨论，某服装店的企业号发布的短视频标题也开始"蹭热点"，"解读顾佳的日常穿搭，3招让你又美又飒！"

　　"蹭热点"是很多短视频标题常用的设计法则，在短时间内吸引用户的目光非常有效。但是，使用该法则设计短视频标题时，一定要遵守两个原则。一是热点事件或热点话题是积极的、正面的，是符合大众主流价值观和道德标准的，

是符合法律规范的；二是热点事件或热点话题和企业号的定
位、短视频的内容有极高的关联度。运营团队在使用"蹭热
点"法则设计短视频标题时，不能违背其中的任何一个原则。

# 6 竖屏视频的拍摄和制作技巧

　　竖屏视频就是竖版的视频，相较于主流的横屏视频，竖
屏视频的长宽比例是按照手机类型形成的，根据用户使用习
惯而改变，竖屏视频是可以贴合手机移动端显示屏的竖式视
频播放形式。简单地说，用户不再需要把手机放平，正常手
持着就能全程看完短视频，是更直接的一种用户交互方式。

　　竖屏视频有两个优势。

　　**一是竖屏视频符合用户使用手机的习惯**。很多用户喜欢
躺在床上或沙发上用一只手拿着手机刷短视频，这一点与竖
屏手持的方式相契合。一份公开的调查报告显示，过半的人
习惯将手机锁定为"竖屏"状态，98%的人习惯竖立使用手
机。所以，相较于需要翻转手机才能看的横屏视频来说，竖
屏视频更符合智能手机时代的用户习惯。

　　**二是竖屏视频可以突出拍摄主体，拉近与用户的距离**。
对于企业而言，竖屏视频更适合产品的推广宣传，有利于聚
焦用户的兴趣点，加深用户和产品之间的情感。因为用户可
以通过竖屏视频更清楚地观看产品的特征和功能，甚至产生
一种这个产品"真实"地出现在眼前的感觉，无形之间拉近

了用户和产品的距离。

　　基于竖屏视频的优势，短视频从诞生起就以竖屏视频播放形式为主。竖屏视频不只是播放形式与横屏视频不同，在拍摄和制作环节也与横屏视频有非常大的区别。企业号的视频拍摄和制作人员如果习惯拍摄、制作横屏视频，那么就要重新学习竖屏视频的拍摄、制作技巧。

　　拍摄竖屏视频常用的工具有两种，智能手机和相机。随着智能手机技术的不断发展，智能手机具备机身轻便、方便携带、操作简单、可以直接分享到社交平台上、实时查看发布状态等多种功能和优势，因此成为众多企业拍摄竖屏视频的首选工具。

　　如何通过智能手机拍摄、制作竖屏视频呢？具体步骤如图4-7所示。

| 第一步 | 竖屏拍摄 |
| 第二步 | 构图取景 |
| 第三步 | 视频拍摄完成后，点击保存视频 |
| 第四步 | 编辑、制作短视频 |
| 第五步 | 设置视频比例 |

图4-7　拍摄、制作竖屏视频的五个步骤

## （1）第一步：竖屏拍摄

打开手机的相机功能，选择视频模式，竖着拿手机进行拍摄。

## （2）第二步：构图取景

运营团队拍摄竖屏视频，主要目的还是突出产品或者推广产品的出镜人物，以此吸引用户的目光。因此，视频拍摄过程中的构图取景方式非常重要。

在拍摄竖屏视频的过程中常用以下三种构图取景的方式。

**一是顺光构图，即光线投射方向与镜头一致，展示主体细节和色彩。**运营团队如果想要展现产品的细节，那么宜采用顺光构图。

**二是侧光构图，即光源照射方向与拍摄方向呈直角，展示主体立体感和空间感。**例如，服装品牌想要展示模特穿着服装的效果，可以采取侧光构图，突出模特的立体感和空间感，营造更震撼的视觉效果。

**三是微距构图，是特殊构图的一种，主要用于拍摄独特视频画面。**微距构图能拉近用户与物品之间的距离，既能展现产品的亮点和吸引人之处，又能让用户产生更直观的感受。例如，美食商家通过微距构图展现糕点的切面，更容易吸引用户。

运营团队可以根据实际情况选择构图取景的方式，但是无论采取哪种构图取景的方式拍摄竖屏视频，都要注意镜头的远近感。在竖屏拍摄模式下，纵向视野会变大，所以运营团队在构图方面要注意上下空间的元素分布，场景布置也尽量以上下结构或远近结构摆放，还要灵活运用变焦功能。在拍摄近景时，运营团队可将手机镜头放置在高于人物的头部或者物品的顶部水平线上的一点，轻微俯拍，拍摄的视觉效果会更佳。

**（3）第三步：视频拍摄完成后，点击保存视频**

这一步虽然看似只有一个动作，却非常重要。很多拍摄人员很容易忽视"保存"的重要性，视频拍摄完成之后将手机随意放置一边，导致拍摄的视频素材丢失。所以，视频拍摄完成后，一定要立即点击"保存"，确认视频保存到手机之后再做其他的事。

**（4）第四步：编辑、制作短视频**

视频拍摄完成后只能算作是素材，运营团队还需要对视频内容进行编辑加工，通过添加字幕等各种功能优化视频的画面，调整视频的呈现效果，至此短视频才算制作完成。

编辑、制作短视频要选择视频剪辑工具。视频剪辑工具和技术已经非常成熟，剪辑师只需要根据自己的习惯和剪辑需求选择合适的视频剪辑工具即可。

在视频剪辑的过程中，剪辑师要注意以下三点。

**一是文字的大小、颜色。**首先，竖屏视频应尽量凸显字幕，大字幕给人更直观的视觉刺激，让用户停留的时间更久。为此，字号应达到醒目、一目了然的效果，但也不可占满屏，这会给用户造成过于压抑的感觉。其次，文字的颜色尽量饱满清晰，不要和背景融在一起。

**二是画面要清晰可见，不留黑影。**为了给用户更舒适的观看体验，画面最好充分占满整个手机屏幕，不留黑影，让主体足够大，清晰可见。

**三是画面的节奏感。**剪辑师除了要注意剧情的节奏应逻辑清晰、紧凑连贯，还要注意字幕停留的时长要符合人们正常观看的时长，一般要求不短于1秒。

### （5）第五步：设置视频比例

短视频剪辑完成后，剪辑师就要设置视频比例，一般有"原始""16∶9""9∶16""6∶7""1∶1"几个选项。比较适合短视频平台的竖屏视频比例是"9∶16"，点击比例将剪辑完成的短视频比例设置好，即完成竖屏视频的剪辑。

以上介绍的是用智能手机拍摄、剪辑竖屏短视频的步骤，短视频制作人员也可以使用相机拍摄短视频，其与用智能手机拍摄短视频的步骤相似。首先，在拍摄时将相机竖起来拍摄，选择清晰度为"1920×1080 25帧"或者"1280×720 50帧"。拍摄完成后，剪辑师先将短视频导入电脑，再使用电脑上的视频剪辑工具对短视频进行剪辑、编辑。剪辑完成后，剪辑师将视频旋转90度，就成为竖屏视频了。

总之，竖屏视频是更直接的交互方式，既迎合用户观看短视频的心理，同时也能拉近视频中的产品与用户之间的距离，所以企业号发布的短视频尽量选择竖屏视频。

 **短视频的封面尽可能清晰明亮**

短视频的封面是用户尚未点开短视频看到的画面，也是决定用户是否点开短视频的重要因素。如果短视频的封面不具有吸引力，或者不能让用户"看到"短视频的内容，那么用户很可能就不会点开这个短视频。

运营团队在设计短视频封面时，一定要遵循尽可能清晰明亮的原则，避免上传画质不好、无法突出短视频主题的图片，也要避免随意截取短视频中的一帧作为封面。具体来说，运营团队要想设计、制作优质的短视频封面要满足以下三点，如图4-8所示。

图4-8 优质封面的三大特点

## （1）封面和标题进行强关联

为了营造统一的感觉，短视频的封面所呈现出的内容应该与标题有直接的关联性，而不是运营团队随意设计一个封面内容，用户需要自己来思考封面和标题之间存在什么样的关联性。具体来说，运营团队要做好两个方面的事情。

**一是封面图片要和标题相关联**。封面图片一般分为两种情况，一种是以人物为主，另一种是以事物为主。不同的情况，封面图片和标题相关联的要点不同。

**如果封面图片是以人物为主，人物的表情和情绪要和标题传递的情感相关联**。例如，某美妆品牌的企业号发布的一个短视频的标题是"告别手残，这才是画眉毛的正确打开方式"，封面却是一张漂亮的女生拿着眉笔一脸疑问模样的图片。

**如果封面图片是以事物为主，可以直接突出展示标题中提到的事物**。例如，某美食商家的企业号发布的一个短视频标题是"深夜食堂——一碗冬阴功面暖胃又暖心"，短视频的封面也是一碗让人垂涎欲滴的冬阴功面的图片。

**二是封面的文案要和标题相关联**。除了图片，短视频的封面还包括文案。如果短视频的标题较短，只有一句话，那么可以直接将标题添加到图片上作为短视频的封面；但如果短视频的标题比较长，就需要对标题文案重新提炼，只把核心点展现在图片上即可。

例如，某企业号发布的一个短视频标题是"中秋节月饼吃什么口味的好？还得看这3种馅！"，运营团队提炼的核心点为"深度解读3种月饼口味"并将其添加到视频封面上，文案简单易懂且和短视频标题紧密相关。

封面文案的字数不宜过多，一般不多于12个字，字号不小于24号，这样更能营造出醒目又不复杂的效果。

### （2）封面构图尽量居中或者对称

一般来说，画面主体位于中心或者呈对称的方式布局，不仅美观，还便于短视频平台的推荐系统在进行个性化推荐时吸引用户的注意力。无论短视频封面的主体是人物还是产品，构图尽量都居中或者对称。

例如，某美妆品牌的企业号发布的短视频都以产品代言人作为封面的主体，在构图上，代言人都位于图片的中间，手拿着产品，产品和人物又以对称的方式进行布局。这种构图方式就非常清晰，用户不仅可以一眼就看到画面中的人物，还会关注到用户手中的产品。

### （3）色彩和画面饱和

从视觉传播的角度来讲，颜色更深、更亮的图片更容易吸引用户的注意。但具体选择什么样的色调，运营团队还是要参考短视频的内容以及产品的特点做出选择。例如，短视频内容偏向节奏轻快，产品具有活泼有趣的特点，短视频封面就适合选择明快、温暖的颜色，如黄色、红色、橙色等。相反，如果短视频的内容偏严肃，产品具有简约、高雅的特点，短视频的封面就适合选择一些简单、高雅的颜色，如白色、冰蓝色等。

另外，不同的短视频平台对短视频封面图片的像素要求是不同的，运营团队在上传封面时也要注意。例如，在快手平台上，封面像素是864×516，低于这个像素的封面是无法上传的。

一个好的封面能够为短视频带来更多的点击量。所以，运营团队千万不要随意截取一帧视频截图作为封面，一定要多花些心思在短视频封面的设计和制作上，保证企业号发布的短视频封面既清晰明亮，又主题明确、风格统一。

## 8 黄金3秒：音乐、画面和文案

短视频用户每天会接收到不计其数的短视频，如果一个短视频在几秒钟之内没有抓住用户的注意力，就会被用户直接划屏刷掉。要想吸引用户继续看下去，短视频开头的前几秒非常重要，这也是短视频领域常说的"黄金3秒"。简单地说，"黄金3秒"就是短视频的前3秒，对决定用户是继续观看还是划屏刷掉有着关键影响。所以，运营团队千万不要小看这3秒钟，应力争在用户点开短视频后的3秒钟内让用户对短视频充满期待。具体来说，运营团队可以通过音乐、画面和文案来增强短视频的吸引力，如图4-9所示。

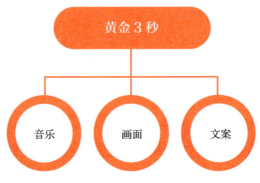

图4-9　黄金3秒的三个要素

## （1）音乐

音乐是听觉意象，也是最能即时打动人的艺术形式之一。音乐在短视频中发挥着重要的作用，既可以推进故事情节、烘托气氛，又能带动用户的情绪、引起共鸣、带来愉悦感等。

运营团队要想在短视频开头的3秒钟之内通过音乐打动用户，让用户继续看下去，就要让音乐具备以下几个特点。

**一是根据视频内容选择恰当的音乐。** 例如，视频内容是一个充满温情的故事，就可以选择一些比较温馨的音乐，当用户点开短视频，听到温馨的音乐时，脑海中就会产生"音乐好温馨""音乐好温暖"等意识，同时用户对短视频的内容也会产生同样的期待。

**二是选择具有节奏感的音乐。** 一般来说，具有节奏感的音乐能够迅速激发用户的听觉，尤其是节奏欢快的音乐，更是让用户难以抗拒。

**三是选择合适的热门音乐**。热门音乐具有传播快、用户接受度高等特点，使用热门音乐能有效地增加用户继续观看短视频的概率。但是，在选择热门音乐时一定要使音乐的风格符合视频内容的特点，而不是不加思考地随意选择。

### （2）画面

当用户点开短视频后，脑海中可能会涌现出"会得到视觉享受""会很好笑""会很刺激""会很感动""会得到知识""会有价值感""不看就亏了""不看就过时了"等想法。短视频内容只要满足用户其中的一个想法，就能促使用户将短视频看完，而这些想法的直接来源就是短视频的画面。所以，要想留住用户，运营团队要注意对短视频开头的画面设计。

**一是人物魅力**。人物魅力主要表现在短视频开头的出镜人物对用户的吸引力上。例如，出镜人物是某个极少在公开场合露面的知名企业家，用户会觉得"不看就亏了"。再例如，出镜人物是某个知名喜剧演员，用户会觉得"会很好笑"。也就是说，如果短视频的出镜人物具有独特的吸引力，就要在短视频开头的3秒钟画面内让用户看到他。

**二是视觉奇观**。视觉奇观主要表现在画面内容与用户常规看见或想象的事物和景象不一致，给用户带来了一定的视觉冲击，进而吸引用户看完。例如，某企业号发布的短视频中，一个女孩用一支眉笔搞定整个妆容，在用户感到惊讶、好奇的同时也会不自觉地看完整个短视频。

**三是明确告知。**明确告知主要表现在用户点开短视频后，画面的主题或者核心价值点以超大字体出现在画面中。例如，"学习的时候孩子总是坐不住，怎么办？""儿童长高运动练习""职场女性必读的10本管理书籍"等。明确告知短视频的内容，让用户从中得到一种"信息感"，觉得观看这个短视频"会得到知识""会有价值感""不看就亏了"，促使用户继续观看短视频。

总之，短视频开头的3秒钟画面是吸引用户继续观看短视频的核心因素。运营团队在剪辑短视频的时候一定要把短视频中最有吸引力、最有冲击力、最有价值感的内容放在开头的3秒钟画面中。

## （3）文案

文案是指短视频开头3秒钟出现的封面文案以及短视频下方出现的标题文案等，是用户了解该短视频信息点的重要工具，也是影响用户继续观看短视频的关键因素。常见的具有较强吸引力的短视频文案有三类。

**一是干货类。**它是指在文案中直接点明短视频可以带给用户的利益或价值。例如，"还在为肤色暗沉而苦恼吗？做好三件事情，让你一键消除！""半夜玩手机不想睡？做到这三点，迅速提升睡眠质量！"等，这类文案通过给出解决问题的切实方法，吸引用户继续观看短视频。

**二是金句类。**一般金句类的文案起到抚慰心灵、振奋精神、感受文字之美的作用，容易引起用户的共鸣，让用户不自觉地想要继续观看短视频。因此，运营团队也可以使用一些符合产品精神的金句作为短视频的文案。例如，"隐藏野心，偷偷发光""与其追星星，不如成为星星一样的人""没人点灯，就自己发光"等。

**三是引人期待类。**引人期待类文案一般是通过设置悬念和期待的方式，吸引用户继续观看短视频。例如，"这才是画眉毛的正确方式""领带原来还能这么系，赶紧学起来吧！""情人节礼物大放送，送这3件礼物绝对会让对方充满惊喜！"等。

需要注意的是，如果是短视频的封面文案，内容最好简洁有力，不宜出现太多文字，以减少用户识别信息的负担。但如果是标题文案，内容则可以多写一些，增加用户的阅读时间。例如，在抖音平台发布短视频时，标题文案最多可以写55个字，运营团队要尽量写够55个字，目的是当用户阅读完文案后，短视频也差不多放完了，无形之间就提升了短视频的完播率。

总之，要想吸引用户看完短视频，开头的黄金3秒是重中之重。运营团队要在短视频开头的3秒钟之内通过音乐、画面和文案将短视频的核心观点、突出的价值点鲜明地呈现出来，让用户还没来得及做过多的思考就被带入短视频之中。

## 9 尽量缩短短视频的时长

完播率指完整看完某短视频的用户占全部观看该短视频用户的比率，是衡量一个短视频受欢迎程度的重要指标。例如，有100个人观看了企业号发布的一个短视频，但是从头到尾看完的只有40个人，那么该短视频的完播率就是40%。如果短视频的完播率较低，它就会被推荐系统识别为"内容不优质、不受用户喜爱"，进而降低推荐量。因此，努力提高短视频的完播率是运营团队的重点工作。其中，尽量缩短短视频的时长就是提高短视频完播率的一个有效方法。

从某种程度上说，短视频的时长越长，越考验用户看完短视频的耐心。一个时长只有15秒的短视频用户很快就看完了，但一个时长在5分钟左右的短视频则需要用户花费5分钟的时间才能看完。事实上，很多用户在"刷短视频"时，习惯观看十几秒或者几十秒后就放弃继续观看，这一行为会直接影响短视频的完播率。

所以，在不影响短视频主题的情况下，运营团队要尽可能地缩短短视频的时长。具体来说，运营团队可以采取以下三种策略缩短短视频的时长，如图4-10所示。

### （1）首选时长在10~20秒的短视频

抖音平台的推荐系统有一个约定俗成的规则：不满7秒的短视频没有权重，这就意味着该短视频不会被推荐系统

首选时长在10～20秒的短视频

删掉冗长、多余或可要可不要的表达

使用剪辑工具加快主播的说话速度或画面的播放速度

图4-10　缩短短视频时长的策略

推荐。通常情况下，短视频的时长最好控制在10～20秒，或者8～15秒，一般短视频时长在这两个区间的完播率是最高的。

所以，运营团队在制作短视频时，首选时长在10～20秒的短视频，这能够让用户很快就看完。从某种程度上说，这种时长的短视频也更适合企业用来推广产品和品牌。对于带有营销性质的企业短视频，一般用户是比较抗拒的，如果短视频的时长又比较长，用户看完的可能性很小。所以，运营团队应该思考的是，如何在20秒之内把营销信息传递出去。

例如，某美妆品牌的企业号发布了一个时长在15秒左右的短视频，向用户推荐一款以闪耀夺目为卖点的唇膏，在炫酷的舞台灯光之下通过模特展现唇膏耀眼夺目的色彩，用户尚未从光彩夺目中回过神就已经看完了短视频，同时也了解了该款唇膏的特点，达到了宣传新产品的目的。

所以，无论是从用户习惯还是产品宣传的角度，创作时长在10～20秒的短视频是企业号运营的首选。

## （2）删掉冗长、多余的内容

一个短视频短则十几秒，长则几分钟。如果是十几秒的短视频，相信很难给企业留下充分的表达空间。但如果是超过1分钟的短视频，可能就会产生表达冗长的问题。不少企业号想要在一个短视频中将一款产品的各种特征和功能都展示清楚，其实这种介绍产品的方式只会让用户觉得乏味，很难让用户停留在该短视频上。

因此，短视频制作完成之后，运营团队要和企业号的其他团队成员反复讨论，删掉冗长的内容，只保留1～2个核心价值点即可。企业号运营是一项持续的、长期的工作，相较于在一个短视频里介绍完产品的所有特点，还不如围绕产品多创作几个短视频，一个短视频只介绍1～2个产品特点，这对用户心智的影响要更深刻、更长久。所以，运营团队要尽量缩短短视频的时长，力争把每一个短视频都打造成主题明确、价值突出的精品。

## （3）使用剪辑工具加快主播的说话速度或画面的播放速度

在很多短视频解说中，读者会发现主播的说话速度或画面的播放速度非常快，内容也充实饱满，其实是因为他们使用了剪辑工具加快了主播的说话速度或画面的播放速度。

加快主播的说话速度或画面的播放速度虽然能够有效缩

短短视频的时长，但是如果语速过快导致用户无法听清主播在说什么，或者画面的播放速度过快导致短视频的画面模糊，也会影响短视频的完播率。通常情况下主播的语速或画面的播放速度调整为1.25～1.5倍最佳，既不影响短视频的观看效果，又能达到缩短时长的目的。

可以说，缩短短视频时长是一个很小但实践起来却很有用的方法。合理地缩短短视频时长，能有效地提高短视频的完播率，进而获得更多的推荐，带来更大的曝光量。

第 **5** 章

# 内容运营：
## 从0到1启动
## 第一拨流量

内容运营是基于短视频的内容，通过发布、标签管理、定时更新、链接等一系列运营策略实现吸引第一拨流量的目标，是企业号运营中至关重要的一环。

# 1 短视频流量的KPI

短视频发布后，短视频平台一般会优先将内容推荐给关注该短视频账号的粉丝以及关注该领域的用户和同城附近位置的用户，然后再根据这部分用户的数据反馈，包括短视频的完播率、点赞率、评论率、转发率等指标数据，将反馈结果是优秀的短视频分发到更多用户的"推荐"页面。

也就是说，短视频所处的流量池级别是由用户对短视频作品的反馈决定的。如果短视频在原有流量池中用户的点赞、关注、评论、转发等行为达到一定的数值，那么该视频就会被推送到比当前流量池更高一个级别的流量池中。相反，如果数据反馈不理想，比如完播率低，点赞率、评论率和转发率也很低，短视频平台可能会判定这个短视频内容不够优质，没有获得用户的喜爱，从而停止推荐。

对短视频流量有重要影响的指标，笔者将其称为"短视频流量的KPI（Key Performance Indicator，关键绩效指标）"，一般包括完播率、点赞率、评论率和转发率四项指标，如图5-1所示。

完播率是衡量一个短视频受欢迎程度的重要指标，在第4章第9节中笔者已经对完播率做了介绍。完播率在很大程度上说明了用户对短视频的喜爱和认可程度。

点赞率是指用户看完短视频后点赞的比率。用户对自己

图5-1　短视频流量的KPI

认同的或喜爱的内容常用点赞的方式表示支持，所以点赞率在较大程度上也说明了短视频的受欢迎程度。

　　**评论率是指用户看完短视频后评论的比率**。评论是指用户看完短视频后在评论区发表自己的想法和观点，包括喜爱、支持、调侃、建议、戏谑、意见和反对等。所以评论率在很大程度上反映了该短视频是否具有一定的话题性。

　　**转发率指用户看完短视频后转发的比率**。转发是用户将自己喜爱的短视频转发到别的平台或者自己的账号上。例如，抖音短视频可以一键转发到微信、微博、今日头条等平台。转发可以为短视频带来公域流量，有效地扩大短视频的影响力。所以，转发率也是短视频流量的重要KPI。

　　综上，企业要想有效启动第一拨流量，就要关注和提高短视频的完播率、点赞率、评论率和转发率这四项关键指标。

## （1）提高完播率的技巧

随着短视频数量的爆炸式增长和质量的日益提升，用户对短视频的要求也越来越高。那些内容质量不高或拖沓且时长较长的短视频往往会被用户匆匆放弃，更不会给出积极的反馈。相对来说，时长较短的短视频一般在用户点开后很快就会被看完，完播率较高。如果该短视频的内容有趣或有价值，那么这个短视频的完播率、复播率都会得到极大的提升。

所以，要想提高短视频的完播率，运营团队需要从以下四点着手，如图5-2所示。

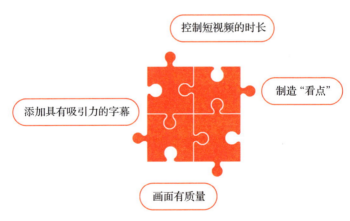

图5-2　提高短视频完播率的技巧

**一是控制短视频的时长。** 笔者在第4章第9节"尽量缩短短视频的时长"中有相关的介绍。这里笔者重点强调短视频的开头不要拖拉，要快速切入正题。因为用户常常根据点开短视频后的3秒来判断是否要继续看下去。如果短视频开头拖沓，大部分用户会失去耐心，放弃观看。

**二是制造"看点"。**所谓"看点"是指引人注目或值得观看的内容，能有效吸引用户的注意力。短视频中的"看点"包括有趣、引人期待、让用户看完有种满足感、有干货等内容。如果短视频内容具备其中任何一点，就能提高用户将短视频看完的概率。

**三是画面有质量。**高质量的短视频画面首先会给用户带来一定的美感，让用户产生想要继续观看的意愿。所以，即便是一个十几秒的短视频，运营团队也务必保证每一秒的画面质量清晰、优质。

**四是添加具有吸引力的字幕。**很多短视频都会在开头或结尾添加这样的字幕："一定要看到最后""结局万万想不到"等。这种具有吸引力的字幕也可以提高短视频的完播率。

### （2）提高点赞率、评论率和转发率的技巧

要想提高短视频的点赞率、评论率和转发率，企业就要学会埋下一些引导用户行为的"线"，这些"线"可能是一句话、一个问题，也可能是回复的评论。具体来说，运营团队可以从以下几点进行"埋线"，如图5-3所示。

**一是巧妙地设置互动问题。**在短视频中设置一些互动问题有助于激发用户发表评论，提高短视频的评论率。例如，"作为"90后"的你存款有多少？""你是如何看待××问题

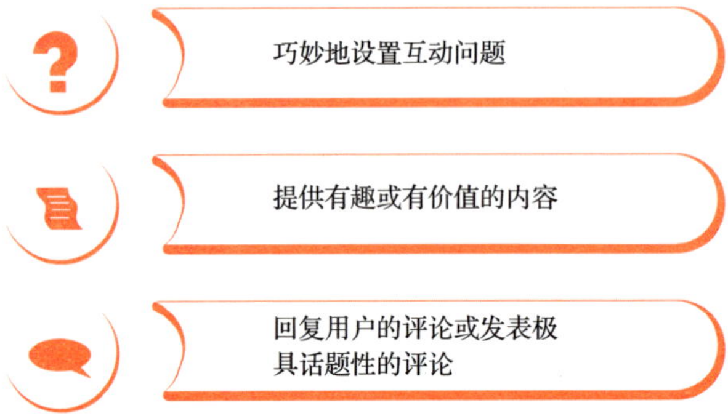


图5-3　提高点赞率、评论率和转发率的技巧

的呢?”等通常会吸引用户积极参与，在评论区发表自己的看法。

**二是提供有趣或有价值的内容。**有趣或有价值的内容不仅能够极大地提高用户的点赞率，还会让用户产生转发、分享的冲动，有助于提高短视频的转发率。例如，短视频介绍了一个宠物保护小主人的暖心故事，展现了人与宠物之间的美好感情，被这种情感打动的用户就会主动把短视频转发到自己的社交平台上。

**三是回复用户的评论或发表极具话题性的评论。**无论是回复用户的评论还是自己发表极具话题性的评论，都是为了吸引更多的用户参与互动。互动越多，短视频平台的推荐系统越会默认该账号与用户之间的黏性较大，进而将短视频推荐给更多的潜在用户。回复用户的评论比较容易理解，即回复视频下面的用户评论。

一般来说，回复这两种评论更容易增强互动性：一是用

户提出的问题，比如"哪里可以买到这个产品啊?""这个
产品好用吗?""这个产品适合孕妇使用吗?"等;二是回复
对短视频表示支持、喜爱或提出建议的评论，比如"这个视
频太有用啦"，运营团队要以轻松、友好的口吻进行回复，
比如"感谢您的关注，有用是我们创作短视频一直以来的追
求，长期关注您会获得更大的收获"，这种回复既可以增强
互动的氛围，又可以拉近与用户之间的距离。

发表极具话题性的评论是指运营团队提前准备好具有话
题性的评论，短视频一经发布就立即发布评论。比如"这期
短视频的讨论焦点是'如何克服自己的焦虑'，小伙伴们都
有什么好办法吗?""你怎么看'年轻是脱单重要还是脱贫重
要'?"等，在评论区通过提问的方式提出一个话题，让用户
忍不住想要发表自己的看法，进而做出互动。

完播率、点赞率、评论率和转发率是短视频流量最直观
的体现，也是运营团队提高短视频流量的重要方向。尤其在
从0到1启动第一拨流量时，运营团队一定要时刻关注这四项
指标。

## 2 短视频平台的推荐逻辑

每天都有不计其数的短视频被上传到各个短视频平台，
但是能够获得较大流量支持的短视频却寥寥无几，其中短视
频平台的推荐逻辑是影响短视频流量的重要因素。因此，运

营团队要想企业号发布的短视频获得更多的流量支持，就要了解并遵循短视频平台的推荐逻辑。

短视频平台的推荐逻辑既包括短视频平台的推荐机制，又包括短视频平台喜欢推荐的内容特征。

### （1）短视频平台的推荐机制

在本章第1节中笔者已经介绍过，当短视频上传到短视频平台后，推荐系统会进行首次推荐，小范围地将短视频推荐给可能会对短视频感兴趣的人，包括关注短视频账号的粉丝、关注短视频入驻领域的用户、关注短视频的话题或标签的用户以及同城附近位置的用户等。

推荐系统会对首次推荐后的各项指标数据进行检测和统计，首次推荐给用户后的反馈数据将对下一次的短视频推荐起决定性作用。如果首次推荐的数据反馈较好，短视频平台就会进行第二次推荐，第三次推荐……相反，如果首次推荐后反馈的数据不理想，那么短视频平台就会停止推荐。

### （2）短视频平台喜欢推荐的内容特征

在了解短视频平台的推荐机制之后，企业还要了解短视频平台喜欢推荐什么样的内容，或者说什么样的短视频内容是短视频平台欢迎的、愿意推荐给更多用户的。一般来说，短视频平台更喜欢推荐具有以下特征的短视频内容，如图5-4所示。

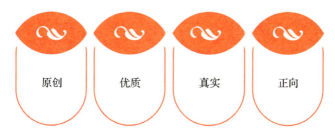

图5-4　短视频平台喜欢推荐的短视频内容

**一是原创。** 原创内容更容易获得平台推荐。很多短视频平台使用原创度检测工具对短视频内容进行检测，当推荐系统识别该短视频与短视频平台上其他的短视频重复率较高时，就会停止推荐，并提示该短视频创作者"与已有视频重复"。所以，要想获得短视频平台的大力推荐，运营团队一定要在企业号上发布原创的短视频。这里的原创内容是指自己拍摄、剪辑，有自己的构思和创意，而不是搬运同类的短视频作品。

网上有很多第三方原创度检测工具，如果不确定自己的短视频是否会被认定为"原创"，运营团队可以在发布短视频之前先利用第三方原创度检测工具对短视频内容进行检测。

**二是优质。** 优质、垂直的短视频内容是获得平台推荐的重要保证。

虽然企业号的最终目的是宣传产品、带动产品销量等，但企业还是要创作、发布优质的短视频，争取获得平台的支持和推荐。为此，企业号要在短视频平台上找准定位，明确目标人群，并持续发布符合目标人群需求的、有价值的优质内容。

例如，某美食商家的企业号的定位是健康，目标人群是关注健康的人群。找准目标人群定位之后，该企业号就持续发布一些展现出健康饮食理念、制作健康食物、日常健康小知识、教你吃得健康等内容的短视频。这种方式既能在垂直领域输出有价值的干货，又能获得平台的推荐，积累粉丝，也为后续商业转化做好充足的准备。

**三是真实。**在信息高度发达的时代，真实的内容更容易给用户留下深刻的印象，也是短视频平台愿意推荐给更多用户的内容。因此，要想获得短视频平台的大力支持和推荐，企业要多发布一些真实的内容。这里的真实有两层含义。

**第一层含义是指真人、真事、真情。**例如，入驻"三农"领域的企业号拍了一个展现果农的果园里水果成熟的短视频，希望用户可以下单购买。"真人"意味着果农的身份不是伪装或虚假的；"真事"意味着果园里的水果成熟这件事是事实；"真情"意味着该企业号在短视频中传递的淳朴情感是真实的。

**第二层含义是指短视频的出镜人物的说话方式、面部表情、肢体动作等自然、大方，让用户感觉亲切，如沐春风。**

真实是一种天然的吸引力。无论是真人、真事，还是真情实感，既容易被用户喜欢，也更容易被短视频平台推荐给更多的用户。

**四是正向。**正向是指短视频的内容展现的是积极的、温暖的、美好的事物。正向的内容不仅符合社会主流价值观的要求，还容易打动用户的内心，获得更多用户的关注、评论和转发。所以，正向的内容也是短视频平台非常喜欢并愿意推荐的内容。一般来说，正向的内容包括生活中温暖的小事，展现出社会中的真善美，展现出积极温暖的亲情、友情和爱情等。

因此，运营团队在为企业号创作短视频时，不仅要关注品牌、产品本身，还要多关注身边发生的一些积极、正向、温暖的小事。如果能够在短视频中赋予品牌、产品一些正向的力量，不仅能够获得平台的支持和推荐，还有可能成为广大用户热议的爆款，更有助于提高品牌、产品的影响力。

总之，企业号要想获得更多的流量，运营团队在创作、发布短视频时就要遵循短视频平台的推荐逻辑，不仅要全面了解短视频平台的推荐机制，还要多发布原创、优质、真实和正向的内容。

## 3 上传及发布短视频的策略

当短视频制作完成后，接下来就是上传及发布短视频。虽然从字面上看，上传及发布短视频只是一个简单的动作，其实却大有学问。企业在发布短视频时，如果能抓住上传及发布短视频的一些关键细节，就可以让短视频获得更多的流量。

## （1）后台设置

在不同的短视频平台发布短视频时，后台设置的要求会有所不同。笔者以抖音和西瓜视频两个短视频平台为例介绍发布短视频时如何做好后台设置。

**一是抖音平台的后台设置技巧。**在抖音平台的后台发布页面上，读者可以看到的关键信息有"#话题""@好友""你在哪里""公开可见""视频同步"等，如图5-5所示。

图5-5　抖音平台的后台发布页面截图

**"#话题"就是人们常说的带话题，既可以带与视频主题有关的话题，也可以带平台的热门话题，还可以带自创或自定义的话题。**带话题的好处在于可以提高短视频的曝光量，让用户更容易地找到企业发布的视频，也更容易获得短视频平台的推荐。例如，美妆类短视频可带的话题有"美妆""美妆教程""美妆护肤"等。此外，还可以带热度较高的话题，例如，"教科书般的秋季穿搭"这个话题的热度不断上升，服装行业的企业号发布秋季新品服装时就可以带这一热门话题。

"@好友"是企业通过该方式引导某个短视频账号关注自己刚发的短视频，借助该账号引导流量。这里既可以@自己的好友，也可以@官方账号以获得平台的关注。

"你在哪里"是指位置定位，可以添加企业或店面的位置，也可以添加目标用户所在的位置。添加位置的好处有很多：一是短视频会被更多地推荐给与企业同城的或者位置附近的用户，增加短视频曝光的机会；二是实体店添加位置后可以吸引本地的用户到店消费，带来更多的流量。例如，在抖音平台，如果企业开通了抖音线下POI（Point of Information，即信息点）店铺，那么用户可以直接通过位置信息找到企业的店铺进行消费，将线上流量引导到线下店铺。

"公开可见"这一选项很容易被运营团队忽视。对于企业号运营来说，这个选项通常是选择"公开：所有人可见"，以获得更多的曝光量。但是，如果运营团队不注意查看，该选项被设置成"朋友：互相关注朋友可见""私密：仅自己可见""不让他看"等方式，将会导致短视频错过第一拨流量，并且导致接下来流量获取的方式也不乐观。所以，运营团队在发布短视频之前一定要注意查看该选项的内容是否为"公开：所有人可见"，如图5-6所示。

"视频同步"指企业可以将短视频一键同步到其他平台上，进而提升短视频的曝光量，让更多的用户看到这个短视频，最大限度地发挥出短视频的价值，获得更多的流量。运营团队可以利用该功能将短视频一键同步到企业在其他平台的企业号上。但是，考虑到不同平台的用户不同，对短视频的发布要求也不同，不建议企业经常使用该功能，最好还是根据不同平台的特点创作、发布不同的短视频。此外，一般短视频平台官方会对首发视频有流量倾斜，因此企业需要考虑自

图5-6 抖音"公开可见"示范

己的短视频应首发在哪个平台。选择的标准是看自己产品的目标用户和短视频的目标用户与哪一个短视频平台的用户画像重合度最高。

二是西瓜视频平台的后台设置技巧。在西瓜视频平台的后台发布页面上，关键信息有"修改封面""输入标题""原

创内容""活动""同步至
抖音""简介""定时发布"
等，如图5-7所示。

首先，在"修改封
面""输入标题""简介"
环节，短视频标题和封面
的相关内容笔者在前面的
章节已经做了具体介绍。
例如，设置短视频标题时
要多使用能够引起悬念、
吸引用户期待的表达等；
视频封面要选择明亮清晰
的，能凸显主题内容的图
片和文案等。所以，笔者
重点讲一下如何写好短视
频的简介。

图5-7　西瓜视频平台的后台页面截图

短视频的简介一般有三种写作技巧：引导、预告、互动。

引导是运用一些能够吸引用户好奇心的表达方法引导用
户关注。例如，"如何科学有效地解决脸部的黑头问题！超
良心避坑指南，大家赶快来解锁吧！""如何快速画一个好看
的妆容，赶快进来学习吧！"等。

预告是指将短视频内容简洁地告诉用户，吸引用户的兴
趣。例如，"皮肤干燥？脸部皮肤爱出油？脸上有痘印？这
些平价又好用的日常护肤品，总有一款适合你！""全民直

播的时代，简短的直播预告怎么说？来，加快速度，活跃起来！"等。

互动是根据短视频内容提出一个问题，吸引用户参与进来。例如，"'90后'的生活现状是什么""你在工作中有没有某一个瞬间感到暖心或幸福?""成年后你的焦虑来自哪个瞬间?"等。

其次，在"原创内容"上，笔者在前面的章节反复强调过，原创的短视频能够获得短视频平台更多的推荐，从而获得更大的曝光量。所以，运营团队要记得勾上"原创内容"这个选项。

接着，"活动"点开之后就可以看到西瓜视频平台近期举办的各种活动，企业既可以参与平台推荐的活动，也可以根据自己入驻的领域参与相关活动，不过一次只能参加一个活动，所以一定要谨慎选择。参与活动一方面可以获得赢取现金大奖的机会，另一方面也能带来更多的曝光量，同时也能获得平台的关注。

然后，"同步到抖音"是指可以将短视频一键同步发布到抖音平台上，进而获得更大的曝光量。如果企业同时在抖音注册了企业号，就可以勾选这一项。

最后，"定时发布"是指选择自己想要发布的时间然后发布短视频。这个选项可以帮助运营团队准时、稳定地发布短视频。

## （2）发布时间点

在不同的时间点发布短视频，也会影响短视频的播放量。因此，要想让短视频获得更大的流量，运营团队就要选择在用户浏览流量大的时间点发布短视频。一般来说，工作日的一天中大约有四个阅读高峰期，分别是8—9时，11—13时，17—19时，21—23时。休息日发布时间一般没有严格的限制。在这些时间点，大部分用户会集中使用手机浏览新闻、观看短视频（包括视频）。运营团队选择在这些时间点里发布短视频，自然也能获得更大的流量和曝光量。

### （3）发布数量

一般来说，每个企业号每天适合发布1～3个短视频。

**一是发布的短视频数量与上热门并非成正比。**例如，抖音平台一天最多给创作者发布的短视频两次上热门的机会，如果创作者当天发布的短视频超过2个，抖音平台也不会给出太多的流量推荐。

**二是好的短视频需要好的创意、策划、制作和后期，一般不会更新得很频繁。**所以，企业号一天发布1～3个短视频最佳。

如果运营团队制作了一个优质的短视频，却在短视频上传及发布环节"掉链子"，是一件非常可惜的事情。虽然不同的短视频平台发布短视频的要求会有所不同，不过运营团队可以借鉴以上几个策略，根据短视频平台的发布要求让上传及发布短视频的动作更完善，以吸引更多的流量。

# 4 标签管理：多元化标签，占领用户的搜索词

标签是一种互联网内容组织方式，是相关性很强的关键词，它的作用在于帮助人们轻松地描述和分类内容，以便于检索和分享。合适的短视频标签能使短视频更精准地匹配短视频平台的算法推荐逻辑，直达目标用户群体。

例如，汽车领域商家的企业号在发布短视频时，添加的标签可以是"汽车""汽车干货""汽车知识""跑车""豪车""大众车"等，推荐系统会将该短视频推荐给关注汽车领域以及与关键词相关的用户。一旦短视频被精准地推荐给目标用户后，被他们点开播放的可能性也就大大提高。

当然，标签也不是随意添加的，需要掌握一些方法和技巧。

## （1）标签设计：入驻领域、目标用户、核心内容和热点

在标签设计环节，运营团队要重点关注企业号入驻的领域、目标用户、核心内容和热点，以此作为标签设计的重要依据，如图5-8所示。

**一是贴上领域信息标签**。一般第一个标签词要突出企业号入驻的领域，比如入驻科技领域的企业号添加的第一个标签就是"科技"。突出领域是基础，因为推荐系统会根据短视频入驻的领域为短视频匹配与此相对应的目标用户。如果

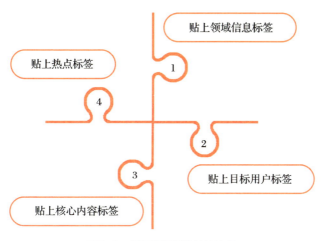

图5-8　短视频标签设计的技巧

领域关键词在前，那么短视频平台为短视频所匹配的用户精准度也会比较高。

**二是贴上目标用户标签。**从某种程度上说，企业要想自己的短视频能够最大限度地被用户点击，就要"命中靶心"。所谓"命中靶心"就是找到短视频最核心的用户，从而获得更精准的点击量。

例如，某美食商家的目标用户是学生，那么该商家的企业号最核心的用户就是学生，核心之外的用户包括一般的用户和关注美食的用户。因此，为了命中靶心，该商家可以在发布短视频时贴上"学生党""吃货"等标签，让短视频能够被精准地推送给核心的目标用户。

**三是贴上核心内容标签。**利用标签精准地展示短视频的核心内容不仅能够获得短视频平台更多的推荐，还能够快速

147

吸引目标用户。如果标签和核心内容相关性较低，结果往往就会适得其反。例如，美食类的短视频却贴上运动的标签；三农类的短视频却贴上高科技的标签。这种非垂直类标签，很可能让推荐系统识别不了，无法获得短视频平台的推荐。

最重要的是，当用户因为"运动""高科技"这些标签点开短视频，看到的却是自己不感兴趣的"美食""三农"领域的内容时，用户失望之余不但会快速放弃观看短视频，还有可能会到平台投诉。所以，企业在做标签管理时，一定要针对核心内容选择更精准的标签。

**四是贴上热点标签**。信息时代随时随地都会有热点发生。热点意味着有着广泛的关注度，包括热点事件、热点词汇、热点话题等。运营团队要想提高短视频的曝光率，获得更多的推荐，就要紧跟热点，并在标签上表现出来。当然，贴上热点标签的前提是短视频内容和某个热点具有较强的关联性。

以抖音平台为例，点开首页右上角的搜索框即可看到"抖音热门话题""每日热搜"以及"抖音热榜"等展现热点的板块。一方面企业可以先查看热点，围绕热点创作短视频，然后在发布短视频的时候贴上热点标签；另一方面企业也可以根据自己的需求创作短视频之后再查看、寻找相关的热点，最后在发布短视频时贴上合适的热点标签。

## （2）标签个数：5~7个最佳

企业发布短视频时，添加5~7个标签为最佳。如果标签太少，不利于平台的推送和分发；标签太多则会淹没重点，错过最核心的目标用户和粉丝群体。

不同的短视频平台可添加的标签个数是不一样的，例如，在西瓜视频平台上，创作者可添加5个标签；在哔哩哔哩平台上，创作者可以添加10个标签。

此外，标签的排序也有一定的讲究。首先，领域信息标签应该放在第一位，并且只能选择一个领域。其次，目标用户标签应该放在第二位。再次，核心内容标签应放在第三位。最后，热点标签要放在第四位。如果没有热点标签，就只需要设置前三类标签。

总之，标签管理看似是一个非常简单的事，其实也有一定的讲究。如果标签运用得当，短视频就能更精准地锁定用户，获得更可观的流量。

## 5 定时更新，获取流量黏度

不少运营团队在创作初期比较有热情，能够坚持每天定时更新，但是在坚持一段时间没有成效后（如点击量低、粉丝增长量少），就会出现工作效率低下、产出低，定时定期更新的时间也会拉长。当企业号定时更新的频率越来越低时，观看短视频的用户就会更少，形成恶性循环，最终偃旗息鼓。

保持定时更新对企业号获取流量非常重要。

**一方面平台更愿意扶持真正踏实做内容的企业号。**如果企业号保持定时更新，就会得到短视频平台的认可，获得高推荐量。

**另一方面定时更新也会获得粉丝流量。**如果企业号一直保持定时更新，就可以稳定地吸引一些关注企业号的粉丝。粉丝流量不仅是企业号的商业价值所在，更是企业号发布短视频时启动第一波流量的关键。相较于一般用户来说，粉丝对企业号新发布的短视频的反馈数据对平台的推荐有更大的影响。

具体来说，企业号要保证定时更新短视频，运营团队就要做到以下两点。

**一是更新频率稳定。**比如每天更新、每3天更新、每5天更新、每周更新等。当短视频内容丰富，需要花费很长时间拍摄、剪辑、处理时，不能保证每天更新，可采取每3天更新或每5天更新的方式。虽然更新周期延长，但是在短视频飞速发展的时代，坚持做好内容更重要，在追求质量的基础上再去追求数量。当然，如果能坚持每天更新，效果会更好。短视频更新快，企业号的活跃度也会更高。

**二是在固定的时间点更新。**如果企业号一般在中午12时发布短视频，就不要随意将发布时间更改为21时或其他时间。保持固定的时间点更新是保持粉丝黏度和活跃度的重要策略。

如果企业号能够保持短视频更新频率稳定且在固定的时间点更新，就能让用户养成观看习惯，进而成为企业号的忠实粉丝。当然，定时更新也是需要技巧的，企业号运营团队要做好以下几点，如图5-9所示。

团队分工，将编导、拍摄、制作等环节流程化

流量较大的发布时间点：8—11时，17—19时

多积累素材，整理出一个素材库，并将视频素材分门别类

图5-9　定时更新的技巧

## （1）流量较大的发布时间点：8—11时，17—20时

定时更新首先需要确定是在哪个时间点更新。从第5章的相关内容，读者可以了解到，工作日的一天中大约有四个阅读高峰期，分别是8—9时，11—13时，17—19时，21—23时。休息日的发布时间一般没有严格的限制。

因为短视频发布之后，短视频平台需要进行审核，所以运营团队就需要在流量较大的阅读时间段之前发布短视频。参考阅读高峰期，建议运营团队在8—11时，17—20时这两个时间点发布短视频。

具体选择哪一个时间点发布，运营团队还要结合企业号定位、短视频内容的特点来确定。例如，某企业号的主要用户是职场人士，那么就要选择在他们休息的时间发布，比如中午午休和晚上下班后的时间。

当然，在固定的时间点发布并不意味着运营团队每天都要在这个时间点守在电脑前编辑、发布短视频。为了避免遗忘或者因为意外事件而无法及时发布短视频，运营团队最好提前编辑好短视频，并在后台设置定时发布。

### （2）多积累素材，保证定时更新

运营团队要想做到定时更新，并不是一件容易的事情。尤其是要想做创意类的产品短视频，就需要花费大量的时间确定主题、写解说词、配音、剪辑、编写文案和标题等，这些都给定时更新带来了一定的难度。

所以，要想做到定时更新，运营团队平时要多积累素材，整理出一个素材库，或者将自己需要用到的视频素材分门别类，以免等到更新之时手忙脚乱。

### （3）团队分工，将编导、拍摄、制作、运营等环节流程化

很多企业号的背后都有一个运营团队，这也是短视频定时更新的一个重要保证。一般来说，运营团队做出来的短视频品质更加精良，吸人眼球。一些实力不足的企业号，在刚刚入驻短视频领域时，常常集拍摄、编辑、剪辑于一个人身上，虽然也能完成一个短视频，但是需要耗费巨大的心力，也考验运营人员的创作功力。

正如笔者在第1章第5节中所强调的那样，如果条件允许，企业最好组建一个专业的企业号运营团队，根据积累的素材库，把编导、拍摄、制作、运营等环节标准化、流程

化，既能提高产出效率，又能保证定时更新。

虽然更新短视频看起来只是一个发布动作，但一个短视频选择在哪个时间段发布、是否定时更新等因素，都对获取流量黏度有着关键的影响。所以，运营团队在发布短视频时不要随性而起，随意发布，要养成定时更新的习惯。

## 6 落地承接：带货链接+优惠展示

企业号运营的最终目的是变现。流量再大的企业号短视频，如果不能变现也算不上成功。例如，某企业号有一个播放量很好的短视频，里面介绍的一款产品让很多用户心动，纷纷在评论区留言"如何才能购买××产品"，但是企业号的运营团队却没有在短视频中设置购买链接，也没有及时关注、回复用户的评论，结果导致想要购买该产品的用户从别的商家那里下单，这对该企业号来说无疑是一种很大的损失。

在某种程度上说，很多用户在观看短视频时会被短视频中的产品"种草"，如果产品刚好满足自己的需求，用户下单的可能性极大。因此，在引流环节，做好流量变现的落地承接非常重要。如果忽略了这个环节，转化率会大打折扣。

落地页也叫着陆页，又叫链接目标页、网站落地页，也就是访问者从某个地方链接进入网站的第一个页面。一般是企业用来宣传自身品牌或者推广自家产品的工具。一个好的落地页能为企业带来高质量的购买客户并实现品牌宣传的目的，这也是为什么笔者强调企业号要做好落地承接的原因。具体来说，企业号短视频的落地承接主要是通过"带货链接+优惠展示"的方式进行。

## （1）带货链接

企业号发布短视频时，要充分利用短视频平台提供的产品链接功能实现流量的落地承接。以某坚果品牌的企业号为例，用户在看完短视频后若点击该企业号的主页，上面有"查看店铺"按钮。用户点击"查看店铺"的链接后，会跳转到该品牌的抖音旗舰店的页面。用户再点击该页面上的任何一款产品，就会跳转到该产品的购买页面，用户可以查看有关产品的更多相关内容，也可以查看其他用户购买之后的评论，同时也能立即下单购买。

虽然不同的短视频平台带货链接的功能有所不同，但大体一致，只要账号开通了相关的功能，按照短视频平台引导进行操作，均可以销售产品。当然，并不是所有的账号都能开通销售产品的功能。例如，在抖音平台上，开通可以销售产品的橱窗功能有三个条件，满足其一即可。

条件一：资质齐全，有淘宝、天猫或京东第三方平台的店铺。

具体来说，淘宝店铺需要满足的条件：店铺开店半年以上；店铺等级一钻以上；店铺评分（DSR）符合"抖音电商产品DSR规则"。天猫店铺需要满足条件：店铺开店半年以上；店铺评分（DSR）符合"抖音电商产品DSR规则"。京东店铺需要满足条件：店铺开店半年以上；店铺星级3星以上；店铺风向标（用户评价、物流履约、售后服务）大于等于9.1。

条件二：资质齐全，抖音账号粉丝大于等于30万；西瓜、火山、头条账号粉丝大于等于10万（校验的是注册店铺账号的粉丝情况）。

条件三：抖音平台内容邀请。

绝大多数短视频平台开通销售产品功能的条件与抖音平台类似，都是从资质、认证、粉丝数量、内容质量等方面提出要求，但各个平台略有差异。企业要依据短视频平台要求开通销售产品功能。

## （2）优惠展示

为了有效引导用户购买产品，企业还要在产品销售链接中展示相关的优惠信息。有时候用户点击了短视频的产品销售链接或产品橱窗，结果发现产品的价格较高或超出自己的购买预期，即便真的有购买需求，用户可能也不会下单。

所以，商家在做落地承接时，还要在销售链接的基础上加"码"，做好优惠展示，帮助用户下定购买的决心。例如，"新品限时立减49元""2件产品8.5折起""快来抢购，××优惠活动的最后一天"等，这些信息都能吸引用户下单。

　　总之，落地承接是运营企业号过程中一定不能忽视的一个环节，当用户点击销售链接时，主页最好先跳转到优惠页面，清晰地展示优惠信息。此外，优惠信息一定要保持一致，减少跳失率，这样能有效提升产品的转化率。

## 7 利用资源引导第一拨流量

　　短视频发布之后，仅依靠平台推荐获得的流量是有限的，对于想要凭借短视频做营销的企业来说，如何在短视频平台首次推荐后最大限度吸引第一拨流量是非常重要的。为此，企业号运营团队在短视频发布后要想办法调动一切资源引导流量，如图5-10所示。

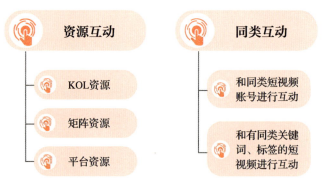

图5-10　利用资源引导流量的方法

## （1）资源互动

资源是指能够通过点赞、评论、转发等互动方式给短视频带来流量的短视频账号，包括KOL资源、矩阵资源和平台资源。

**一是KOL资源。**一般来说，账号权重高的短视频能够获得更多的流量，可以越过基础的推荐直接进到更好的流量池。与账号权重有关的影响因素有原创度，质量评级，账号身份（新人、明星、KOL）等，高权重账号会得到推荐分加权，进而获得更高的推荐量。所以，如果企业能够获得资源优势比较强的账号的点赞，就能够获得更多的流量。

KOL通常是指某个领域的关键意见领袖，他们的意见和看法对用户是否购买一款产品起着重要的作用。所以，在企业号发布短视频之前就可以邀请与该短视频领域或内容相关的KOL对即将发布的短视频进行点赞、评论或转发，以提高该短视频的推荐分加权。

**二是矩阵资源。**矩阵资源是与单平台或单账号资源相对的。如果一个企业只是将精力放在一个平台或一个企业号上，一般流量少、涨粉慢、效果差。如果能够做矩阵资源营销，即打通多个短视频平台，开设多个企业号，就更有利于全方位推广品牌和产品。多个企业号之间彼此可以相互引流，成功打造"一强俱强"的效果。

建立矩阵资源之后，企业号发布短视频时，可以充分利用各平台的各个账号，彼此之间相互引流。例如，某个平台的企业号发布短视频之后，同平台的企业员工的个人短视频账号立即进行点赞、评论和转发，以提高短视频的KPI，获得更多的流量。

**三是平台资源。**平台资源是指企业号要多与平台进行互动。具体来说，企业号发布短视频后要多@官方账号。例如，在抖音平台上，企业号发布视频时可以@抖音小助手、@抖音创作者学员、@抖音广告助手等。再如，在小红书平台上，企业号发布短视频时可以@吃货薯、@日常薯、@生活薯、@校园薯注、@企业号助手、@薯条小助手等，既能获得平台的关注，又能带来更多的流量。

同时，企业可以参加官方账号发布的活动与平台互动，也能获得不错的播放量。此外，企业号还可以在官方账号下评论引导话题，也能让其他的用户关注到自己的账号。

### （2）同类互动

除了可以借助资源互动引导流量，企业号还可以通过和同类短视频账号，及有同类关键词、标签的短视频进行互动，引导流量。

**一是和同类短视频账号进行互动。**例如，A企业号和B企业号同样都是入驻美食领域，A企业号主要销售的是酸辣粉、螺蛳粉等产品，B企业号主要销售的是坚果类的产品。两个企业号可以通过点赞、评论和转发的方式，为彼此的短视频带来更多的流量和用户。比如A企业号发布了一个短视频，B企业号转发并评论道："我想吃的零食，你都安排上啦!"

**二是和有同类关键词、标签的短视频进行互动。**例如，美妆领域的短视频常见的关键词、标签有"美妆教程""美妆""美妆技能""日常淡妆"等，美妆类的企业号可以和同样带这些关键词、标签的短视频进行互动。

总之，企业号运营不同于只是基于个人兴趣、发布分享生活的个人短视频账号，后者基本不会受流量的困扰。但是对于有着营销目的的企业来说，流量才是自己所追求的东西。因此，运营团队绝不能以一般的短视频创作者的心态去运营企业号，而是要竭尽所能地利用一切可以利用的资源，为企业号的短视频吸引流量。如果第一拨流量较大，就能够给企业号发布的短视频带来更多的流量。

## ⑧ 流量升级：不断地测试、分析、迭代▶▶

在企业号运营中，没有哪一种流量是一劳永逸的，是一得即永得、能够一直变现的。流量也有自己的生命周期，唯有不断地做测试、分析和迭代，才能让流量保持活力，不断地吸引新的流量。

### （1）测试

测试是指用不同的标题、关键词和标签对同一个短视频进行多次发布。

例如，同样是美妆短视频，标题可以是"每天一个美妆小技巧"，也可以变着花样起标题，也可以是"毕业季必须拥有的职场妆容，你值得！""5分钟快速掌握素颜妆！干货全在这条短视频里！"等。同时，短视频发布时设置的关键词和标签也要有所不同。

运营团队通过发布不同标题、不同关键词和标签的同类短视频内容，测试短视频的播放量、评论量、转发量、收藏量等数据是否发生了变化。

运营团队可以先发布5个短视频进行测试，发布周期为1~2天一个，既能较快地得到结果，又能有序地对比各个短视频之间的数据。

## （2）分析

分析主要是指对测试阶段反馈的后台数据进行分析，找到最佳的标题、关键词和标签等要素。运营团队可以以发布的5个同样内容的短视频为例制作一个表格，记录下这5个被测试的短视频的后台数据，如表5-1所示。

**表5-1　短视频数据分析表**

| 标题 | 标题1 | 标题2 | 标题3 | 标题4 | 标题5 |
|---|---|---|---|---|---|
| 推荐量 | | | | | |
| 播放量 | | | | | |
| 点赞量 | | | | | |
| 评论量 | | | | | |
| 转发量 | | | | | |
| 收藏量 | | | | | |
| 完播率 | | | | | |

在分析这一环节时，重要的是企业能够仔细分析这些被测试的短视频的数据结果，并从中得出一定的启示。

首先，运营团队要先分析在这5个短视频中，哪一个短视频的完播率最高。一般完播率最高的短视频也是最吸引用户、受用户欢迎的短视频。

其次，运营团队要分析这5个短视频中，哪一个短视频的推荐量和播放量之间的差值最小。如果短视频平台给出的推荐量远远高于播放量，说明该个短视频比较受短视频平台的肯定，但对用户没有产生足够的吸引力。相反，如果推荐量与播放量的差比较少，表明该短视频更多的是被推荐给目标用户，也说明该短视频的标题、关键词和标签更加精准。

接着，运营团队还要关注哪一个短视频的点赞量和评论量最高。点赞量和评论量较高说明该短视频的标题、关键词和标签具有更强的互动性。

最后，运营团队还要关注短视频的收藏量，收藏量高的短视频意味着用户觉得有价值。

综上，企业要从多个角度分析这些数据反映出来的问题，不仅要单个分析这些数据，也要联动观察、分析这些数据。

## （3）迭代

迭代是指运营团队要根据数据分析的结果以及当下的热点话题等情况对短视频进行部分优化之后再发布。

除了短视频的标签、关键词和标题要做出改变，运营团队也可以适当改变短视频的配乐、文案，这是降低用户审美疲劳的方式之一。此外，运营团队也可以根据当下的热点话题优化短视频，观察当下的用户更喜欢观看什么内容的短视频、什么形式的短视频作品。例如，某段时间"变脸化妆"在各大短视频平台上十分火热，与美妆相关的企业号可以借助这个热点话题对短视频进行优化之后再发布。

企业号运营团队一定要有流量意识，通过不断地测试、分析、迭代，综合得出用户喜欢什么样的短视频，多创作用户喜闻乐见、给用户带来不一样体验的短视频，并持续输出优质内容，才能完成流量升级，留住用户，最终实现营销转化。

第 **6** 章

# 渠道引流：
## 公域+商域，
## 引爆百万流量

对企业号运营者来说，启动第一波流量远远不够。要想引爆更多的流量，运营团队还要做好公域流量和商域流量的推广和引流。

**单平台切入，聚焦火力引爆传播**

企业通过内容营销启动第一波流量后，基本就达到通过该短视频展现自己品牌、产品的目的。但是，对于企业号运营团队来说，仅启动第一波流量是不够的，还需要引爆更多的流量，在极短的时间里快速产生核变效应，使营销效果最大化。这就需要运营团队做好渠道引流。

渠道引流是指借助其他平台和渠道为短视频获取流量。在渠道引流中，企业引流的主要是公域流量和商域流量。

公域流量指企业直接入驻平台实现流量转化，比如电商领域的拼多多、京东商城、淘宝网、饿了么、大众点评等平台，以及内容付费领域的喜马拉雅、知乎、得到等平台。这一类平台的特点是流量是属于各个平台的，企业入驻平台后通过搜索优化、参加活动、付费推广以及做促销活动等方式来获取流量并成交。

商域流量是从平台的公域流量分出来、以付费为主要分配标准的流量。例如，微博开屏广告、抖音信息流广告等。

很多企业在做渠道引流时往往追求渠道越多越好，认为渠道越多就意味着流量越多。事实上，对于绝大多数企业来说，一开始就采取多渠道甚至全渠道引流这种劳民伤财的方式是不可取的。

如何以最小的投入获得更大的影响力、更多的流量？这才是企业做企业号运营时应该重点思考的问题。尤其是在渠道引流环节，无论是入驻平台获取公域流量还是付费购买商域流量，都需要投入一定的资金和人力，这些都是成本。可以说，多投入一个平台就意味着要投入两倍以上的成本，却不代表可以获取两倍的流量。同一领域的平台之间流量重叠的情况非常严重，比如在淘宝网购物的用户有很大一部分也会同时在京东商城、拼多多等平台购物。所以，为了更好地聚焦火力引爆传播，建议企业先选择单平台切入渠道。具体来说，运营团队可采取"两步走"策略，如图6-1所示。

图6-1 单平台切入的两个步骤

## （1）第一步：确定在哪个平台切入渠道引流

平台若按类别分，可以分为电商类、资讯类、短视频类和社交类等，如表6-1所示。不同的平台有其不同的特点。

表6-1 平台类别及示例

| 平台类别 | 示例 |
| --- | --- |
| 电商类 | 淘宝、天猫、京东、唯品会、拼多多、苏宁、亚马逊、当当等 |
| 资讯类 | 今日头条、趣头条、搜狐、凤凰、一点资讯等 |
| 短视频类 | 抖音、快手、微视、视频号、西瓜视频等 |
| 社交类 | 微信、QQ等 |
| 音频类 | 喜马拉雅、蜻蜓FM |
| 本地生活信息及交易类 | 大众点评 |

例如，当当网平台涵盖图书、童书、电子书、听书、服装、百货等品类，主要侧重图书销售服务；大众点评平台主要提供与吃喝玩乐相关的优惠信息，提供美食餐厅、酒店旅游、电影票、家居装修、美容美发、运动健身等各类生活服务；喜马拉雅是专业的音频分享平台，汇集了有声小说、有声读物、有声书、FM电台、相声小品数亿条音频等。

企业要根据自己的产品和品牌特性，先确定在哪一个平台做渠道引流更好。

例如，图书商家在选择平台时，可以优先考虑当当网，因为两者的属性和用户群体重合度比较高；做与音频相关产品的企业可优先考虑喜马拉雅平台，无论是做推广还是上传自己的产品，都比在其他平台有更好的用户基础。

在确定切入哪个单平台的环节中，企业首先要考虑自己的产品和品牌与哪个平台更契合；其次，要尽量选择流量大的平台。明确这两点，企业号运营的后续工作会更有目的和成效。

（2）第二步：聚焦火力，在平台内引爆传播

在确定了平台后，企业就要聚焦火力，在平台内引爆传播，包括参加该平台的各种活动、付费推广、与平台内的KOL合作推广等方式。企业若是想要在一个平台内最大化地引爆传播，就要做到以下两点。

**一是积极参与平台内的活动**。短视频平台为了引爆流量，调动平台创作者和用户的积极性，会发起各种活动。企业号要多参加与品牌、产品调性相关的活动，最大化地提升曝光度。例如，某美妆品牌参加了短视频平台发起的"#就是要你好看#"活动，成功地吸引了数万粉丝，带动了产品的销量。

**二是购买平台内详情页广告**。详情页广告一般是指在资讯详情页中出现的广告，位于资讯全文结尾的下方。用户通过点击这些图片，可直接跳转至广告页面。详情页广告的优势在于可以通过广告推广最大范围地触达兴趣用户，形成滚雪球式的自发酵传播，增强用户对品牌和产品的印象，吸引流量。

总之，企业要想在极短的时间里集中力量引爆流量，就要充分利用单平台切入的优势，聚焦火力引爆传播。

## 2 布局全渠道引流，实现跨平台传播

企业在做渠道引流时，应先集中资金和精力从单平台切

入，这是为了在极短的时间里产生核变效应，使营销效果最大化。企业号在单平台成功地吸引了一波流量后，接下来就要布局全渠道引流。

所谓全渠道，是指企业号可以利用的所有流量渠道。布局全渠道引流，可以实现跨平台传播，最大化地输出企业号的内容，提升企业号的影响力，最大限度吸引各大平台的流量。

但是，布局全渠道引流并不意味着所有的渠道都铺开，那会花费企业号运营团队非常多的时间和精力。所以，企业号在布局全渠道引流时要做好规划，遵循一定的步骤，如图6-2所示。

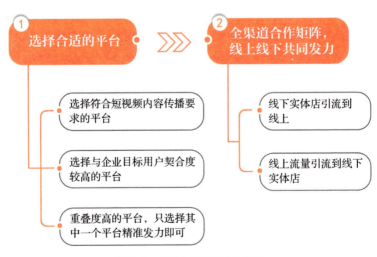

图6-2　布局全渠道引流的步骤

## （1）选择合适的平台

为了能够最大化地发挥出全渠道引流的效果，企业在选择平台时要遵循以下三点原则。

**一是选择符合短视频内容传播要求的平台。** 企业要选择能够发布短视频或者以短视频内容为主的平台。有的平台是以图文为主的，比如豆瓣、知乎等，这类平台无论是平台机制还是用户需求都是围绕图文展开的，所以并不适合发布短视频内容。除了抖音、快手、视频号等短视频平台，比较适合短视频内容发布的平台还有小红书、一点资讯、百家号等。

**二是选择与企业目标用户契合度较高的平台。** 当企业的目标用户与平台的用户契合度比较高时，企业号在该平台进行推广的引流效果将会更好。笔者在本书的第2章第2节"平台定位：找到一个主战场"中已经介绍过，企业号可以通过平台的用户画像了解使用该平台的用户有什么特征，然后确定该平台的用户是否与企业号的目标用户相契合。

**三是重叠度高的平台，只选择其中一个平台精准发力即可。** 例如，天猫商城和京东商城两个平台的用户重叠度比较高，而且用户都是出于购物需求选择这两个平台。为了避免资源浪费，企业只需要选择其中一个平台精准发力即可。再如，西瓜视频和抖音都是字节跳动科技有限公司旗下的短视频平台，平台的资源和用户重叠度也比较高，所以企业号如果在抖音上发布了短视频，就没有必要再去西瓜视频平台上发布同样的短视频。

## （2）全渠道合作矩阵，线上线下共同发力

布局全渠道引流除了要在线上平台发力，线下的宣传、引流也非常重要。尤其是对于有实体店铺的企业来说，线下实体店同时配合线上平台的传播，能够有效扩大企业号运营的影响力，让营销效果最大化。

线上线下共同发力主要体现在以下两个方面。

**一是线下实体店引流到线上。** 线下实体店引流到线上就是将在线下实体店消费的顾客引流到线上，引导他们关注店铺的企业号。

**首先，在实体店内做好宣传，引导顾客关注企业号。** 企业可以在店内播放企业号发布的短视频。一方面可以通过短视频的方式将产品的特性和优势展现出来，既能吸引顾客的关注，又能让顾客对店铺和产品留下深刻的印象；另一方面可以在视频中或者视频末尾处添加企业号的二维码，邀请顾客关注，直接为企业号引流。另外，也可以在店内展架上展示企业号的二维码邀请顾客关注店铺的企业号，可以及时了解店铺的新品和优惠促销活动等，成功地将线下的用户引流至线上。

**其次，通过利益引导顾客转发企业号的短视频。** 例如，顾客若转发短视频到微信群、朋友圈等可以获得奖励，包括享受购物折扣、获得小赠品等。

**二是线上流量引流到线下实体店。** 线上流量引流到线下实体店是指将线上的用户引流至线下，带动线下店铺的销量。

**首先，企业号发布短视频时要显示店铺位置。**很多短视频平台支持"带位置"功能，比如抖音、快手的"带位置"功能，小红书上线的"门店打卡"功能，这样线上用户就可以看到企业店铺的详细信息，包括店铺所在位置、店内环境等，能有效吸引附近的用户到店消费。

**其次，企业号提供"到店领取奖品"福利。**企业号可以在首页封面图上宣传"即日起到××月××日，到店消费可以免费领取奖品一份"或"即日起到××月××日，到店消费可以享受8折优惠"，也可以专门发布一条送福利的短视频，促进线上用户向线下店铺转化。

总之，布局全渠道引流、实现跨平台传播的关键在于联动各个平台，线上线下共同发力，让流量在各个平台和线上线下流动起来。

## 3 公域引流：充分利用平台的营销功能 ▶▶

在本章第1节，读者了解到公域流量不属于单个个体，而是被集体所共有的平台流量。公域流量的特点是流量是属于各个平台的，企业入驻平台后通过搜索优化、参加活动、付费推广以及使用促销活动等方式来获取流量并成交，例如，抖音平台的曝光量、通过淘宝搜索界面进入产品页的浏览量等。

对于企业号运营来说，充分利用平台的营销功能获取公域流量是非常重要的一个营销策略。具体来说,平台的公域流量有三个比较典型的特点。

**一是相对容易获取。** 即使没有一个粉丝的企业号在发布短视频之后也能获得一定的流量。如果企业号的短视频内容十分优质,甚至会被平台分发给百万、千万级别的用户看到。

**二是黏性差。** 企业号很难二次、三次触达到第一次触达的公域流量。换句话说,企业号的短视频被再次推送给昨天观看过短视频的用户的可能性很小。

**三是稳定性差。** 以抖音平台的曝光量为例,某企业号发布的上一个短视频有8万的播放量,但是最新发布的短视频只有1200左右的播放量,甚至更低。这种情况在短视频平台是很常见的。

企业号发布短视频后,要想尽可能多地获得平台的公域流量一般有两个方法。

**一是发布符合平台用户喜好的短视频。** 笔者反复强调,不同的平台用户画像会有所差异,对内容的喜好也会有所不同。企业在发布短视频时,一定要根据平台的用户喜好特点选择合适的短视频进行发布,以获得平台用户的支持,进而获得更多的流量。

**二是让推荐系统更准确地判断自己发布的内容,从而推荐给精准用户。** 具体来说,企业号要发布与垂直领域相关的短视频,并持续创作优质的垂直细分的内容,这样更容易被平台推荐给更多的精准用户,进而获得更多的流量。

除了以上两种方法，企业还可以借助工具获得平台的公域流量，如"DOU+"发布、微博推广等。

### （1）"DOU+"发布

"DOU+"是抖音平台的短视频"加热"工具，购买并使用后，可以将短视频推荐给更多兴趣用户，提升短视频的播放量与互动量，提高产品的推广效果。但是"DOU+"发布功能并不是免费的，属于自费推广功能。企业可以通过购买该功能获得平台更多的推荐，增加短视频的权重。

图6-3 抖音视频页面截图

"DOU+"的操作流程：首先，找到想要推广的抖音视频，在该视频页面点击"分享"的标志，如图6-3所示；然后，在出现的界面上选择"DOU+"的标志；接下来会进入生成订单界面，按照需要选择速推版或者定向版，最后支付订单即可。

抖音"DOU+"的速推版可以根据需要设置推荐给多少人，还可以自主选择是希望提升点赞量、评论量，还是粉丝量。

定向版比速推版更精细化，企业可以做出更精准的发布，主要表现在两个方面。

一是在期望提升方面，企业号可以选择提升点赞量、评论量、粉丝量、主页浏览量。

二是在把视频推荐给潜在的目标用户方面，企业可以选择"系统智能推荐"，也可以选择"自定义定向推荐"，还可以选择"达人相似粉丝推荐"。如果选择"自定义定向推荐"，企业可以按性别、年龄、地域、兴趣标签对推荐对象做出选择，因此更为精准。此外，企业也可以选择"达人相似粉丝推荐"，可以添加20个与所添加达人账号粉丝特征相似的用户，也能让短视频被更精准地推送给目标用户。"DOU+"工具正日渐完善，非常适合想要推广产品、服务或者希望快速提高影响力的企业号。

### （2）微博推广

微博推广类似抖音平台的"DOU+"功能，企业发布短视频后，也可以通过购买的方式获得更多的流量，如图6-4所示。

购买之后，企业可以获得的预计推广效果包括信息流显著位置展示，提升阅读量，提升互动量，增长粉丝等，如图6-5所示。

图6-4 微博推广工具　　　　图6-5 微博推广的预计推广效果

　　以上仅列举了抖音和微博两个平台的相对比较成熟的营销功能，很多平台都在陆续推出更多的营销功能。虽然从成本的角度考虑，企业可以通过创作优质的、垂直的短视频内容获得更多的推广与引流，但是，对企业号运营团队来说，创造优质的短视频也并非一件轻而易举的事情。因此，企业也可以尝试利用平台的营销功能快速获取更多的流量。

## 4 商域引流：KOL的类型与选择

商域流量是从平台的公域流量分出来，以付费为主要分配标准的流量。例如，微博开屏广告、抖音信息流广告、KOL的流量等。企业可以通过购买这些商域流量为企业号快速引流。但是，各大平台的商域流量一般都价格高昂，一天的费用少则几万元，多则几十万元甚至几百万元，并且营销的效果和费用并不成正比。对于一些资金实力一般的企业来说，高昂的广告费用是他们无法承受的。

因此，笔者建议企业采取一种高性价比的方式进行商域引流，即与KOL合作，花钱购买KOL的流量。一方面随着KOL的活跃范围不断扩大，除了传统的社交平台，短视频、知识付费、电商等平台都成为来自不同领域、拥有不同影响力的KOL的阵地。可以说，经营不同性质产品的企业都能找到与符合自身营销需求的KOL进行合作。另一方面，KOL常常是其所在垂直领域的关键意见领袖，他们的意见对用户和粉丝有着重要的影响，能有效带动产品的销量。

要想充分发挥出KOL的价值，企业就要选择最适合品牌和产品、最能发挥营销目的的KOL进行合作。

### （1）三种常见的KOL类型

按照KOL的属性和特点，常见的KOL可分为三种类型，分别是流量型KOL、研究型KOL和带货型KOL，如图6-6所示。

图6-6 常见的三种KOL类型

**流量型KOL：娱乐+个性**。这类KOL主要集中在生活、旅行、时尚、美妆、娱乐、搞笑等领域，受众范围较广但黏性较差。企业号如果与流量型KOL合作，可以充分利用流量型KOL所具备的流量推广品牌和产品，让更多的用户知晓自己的品牌和产品。例如美妆品牌的企业号想要让更多的年轻群体知道自己的品牌，就可以多与流量型的KOL合作。

**研究型KOL：评测+专业**。这类KOL常常以专业人士或专家的形象出现，分享给用户一些专业的知识和经验。这类KOL适合传播深度、专业的内容。因此，做专业知识、产品和服务的企业号适合选择与这类KOL合作。例如，牙医品牌的企业号可以选择与牙医专业的KOL合作，这样更容易赢得用户的信任。

**带货型KOL：宣导+销售**。这类KOL通过直播或推荐好物等形式以专业导购的形象出现，适合新品上市或者有很多产品需要集中推荐的企业与其合作。例如很多带货型KOL常常在短视频中介绍"这几款产品是我近期一直在使用的好用产品，分别是A、B、C，其中A产品非常好用，它有××特点……"等。这类KOL因为能够全面且精准地介绍产品的特点，让观看短视频的用户产生信任感，进而吸引用户购买，所以"种草"能力比较强。

除了按类型划分，KOL还可以按粉丝数量进行分类。

**一是粉丝数达到十几万、几十万甚至是几百万的KOL。**这类KOL粉丝多，号召力强，但相对而言，企业若与这类粉丝体量大的KOL合作也要投入相对较高的成本。

**二是粉丝数量在1万~10万的KOL。**这类KOL虽然粉丝体量不大，但是生成的内容质量较高，也能有效地影响到关注自己的粉丝，且合作的价格比较优惠。一般情况下，企业在与这类KOL合作时，会选择批量合作，即一次与100~200位粉丝数量在1万~10万的KOL合作。

## （2）选择KOL的三个考查点

对企业来说，选择合适的KOL合作是一件非常重要的事情。选对了KOL，不但能够直接提升产品的销量，还能够扩大品牌的知名度，增强品牌的影响力。在选择KOL时，企业号要重点关注自己的目标用户与KOL的目标用户是否契合。例如，牙医品牌的企业号与娱乐搞笑类的KOL合作，不但目标用户重叠度不高，也很难让用户相信该牙医品牌的专业度。

具体来说，企业要选择优质的、能快速看到实际效果的KOL进行合作，可从以下三个方面对KOL进行考查，如图6-7所示。

图6-7　考查是否为优质KOL的三个方面

**一是查看点赞量、转发量和评论量。**企业号可以先从KOL主页发布的短视频的点赞量、转发量和评论量等数据进行筛选。如果KOL发布的短视频的点赞量、转发量和评论量都很低，那么企业号就要慎重选择这类KOL。企业可以进一步查看该账号的整体数据情况，如果整体数据偏高且趋于稳定，说明该KOL的流量比较稳定，可以考虑合作。

**二是查看留言区。**如果该KOL每次发布内容，都有很多用户和粉丝在留言区与其互动，说明该KOL的粉丝活跃度高、黏性大，和这样的KOL合作不但能够实现引流，还能实现转化。

**三是查看KOL是否发布过同类短视频。**如果该KOL过去发布过同类短视频，而且点赞量、评论量和收藏量的数据都很好，那么这类KOL应该是企业优先考虑的优质KOL。

### （3）如何与KOL合作引流

选择KOL之后，企业就要思考如何与KOL合作引流。一般有以下几种方式。

**一是企业号以付费的方式邀请KOL转发、点赞自己的短视频，为自己的短视频引流。**

**二是企业号制作有关品牌或产品的短视频，直接分发给合作的KOL，由KOL的账号发布这些短视频，企业号再通过点赞、评论、转发等互动方式进行引流。**

**三是企业号与KOL合作拍摄、发布短视频。**例如，牙医品牌与做专业测评的KOL合作拍摄制作短视频，在KOL做专业测评的过程中，牙医品牌的专业人员可以参与进来，与KOL一起为短视频用户介绍如何保护牙齿、挑选牙膏等方面的知识。短视频制作完成后，牙医品牌的企业号和KOL共同发布，KOL以@牙医品牌的企业号方式为其引流。

在商域流量中，企业号借助拥有广泛粉丝基础的KOL的力量，为自己的短视频和产品引流，是以较低的成本最大化地推广品牌、带动产品销量的有效策略。

# 5 金字塔KOL矩阵: 头部KOL背书+ ▶▶ 腰部KOL成交+底部KOL扩散

《2020短视频内容营销趋势白皮书》显示: 大牌与白牌的市场机会和空间将会进一步释放, 而作为品牌信息传递的中枢, KOL均将参与其中。头部KOL仍是品牌造势、节点营销、产品预热等不可缺失的合作伙伴; 但尾部KOL的价值将得到深度开掘, 成为大牌维系品牌热度、白牌促成销售转化为最经济、实用的选择。

在上一节, 笔者系统介绍了KOL的类型和选择。但对企业来说, 除了要抓准KOL背后黏附的粉丝群体, 还要考虑如何整合不同体量和类型的KOL, 搭建有机联动矩阵, 最大化地发挥出KOL的营销价值。这也是本节的重点——搭建金字塔KOL矩阵, 即头部KOL背书+腰部KOL成交+底部KOL扩散。具体来说, 是指选择1～3位头部KOL背书, 再通过各个领域的腰部KOL和底部KOL覆盖到更多不同垂直领域下的粉丝群体, 如图6-8所示。

**头部KOL背书:** 背书主要指撑腰、积淀、说明、证明的意思, 头部背书是指企业找重量级的KOL制造话题, 为短视频的爆发式传播"撑腰"。一般头部KOL的粉丝量要达到百万级, 甚至千万级。

**腰部KOL成交:** 指寻找粉丝量在30万～100万的KOL, 通过让腰部KOL主动发布或转发短视频的方式, 强势推广和

图6-8　金字塔KOL矩阵

宣传，引导自己的粉丝购买产品，实现成交。

**底部KOL扩散：**指企业寻找粉丝量在10万～30万的KOL，维系短视频的热度，实现长尾转化。

接下来，笔者将具体分析企业号如何打造金字塔KOL矩阵。

### （1）头部KOL背书：选择粉丝规模和号召力大的KOL

整个金字塔KOL矩阵中头部KOL的选择尤为关键，在企业号运营的各个阶段都有着重要价值和影响。一般来说，企业号会选择1～3个头部KOL背书，主要目的是通过头部KOL的话题引导和传播提升企业的知名度，为接下来的宣传声量做铺垫。

例如，某家纺品牌邀请粉丝数量达8千万的明星为其企业号背书，凭借着头部KOL的庞大粉丝基数，该品牌企业号发布的短视频获得了超百万的转发量、超1万的评论量和26

万的点赞量。此外，该头部KOL也转发了该品牌企业号发布的短视频，获得了超百万的转发量、近45万的评论量和近109万的点赞量，极其有效地提高了这个短视频的热度，也推广了品牌，并带动了产品销量。

可以说，在头部KOL背书阶段，企业可以充分借助头部KOL的粉丝基础和影响力，为企业号吸引大量的关注度。一方面，可以加深产品和品牌在用户心中的印象，建立起情感联结；另一方面，可以保持产品的品牌声量，让用户"爱屋及乌"，因喜爱、信任头部KOL而对企业的品牌和产品建立好感。

### （2）腰部KOL成交：强势宣传，引导购买

与头部KOL相比，腰部KOL既有相对庞大的粉丝群体，又有相对合适的合作费用，传播效果也比较明显，因此具有较高的性价比。

企业号利用头部KOL账号打头阵，经过一段时间的热度酝酿后，就要快速联合腰部KOL引爆流量。具体来说，企业号要让腰部KOL在活动周期内，批量、持续性地在自己的社交账号，如微博、小红书、抖音、微信、今日头条等分发企业号发布的短视频和相关的图文宣传信息。众多腰部KOL账号持续地转发、分享，会形成"自来水"一样不间断的助力，将话题热度逐步引爆全网，引爆更多的流量。

腰部KOL的粉丝体量和粉丝黏性虽然不如头部KOL，但比底部KOL要好得多。头部KOL比较重视个人品牌的声

誉，所以一般不会引导粉丝购买产品，而底部KOL的粉丝数量不足、黏性不强，带货能力较弱，所以腰部KOL最适合在宣传、引流的同时，通过转发、评论等方式引导粉丝购买产品，实现成交。

如果企业希望在渠道引流环节实现成交，在选择腰部KOL的时候就要关注对方是否有足够的销售能力，同时要和他们提前沟通销售的合作事宜，做好部署。

### （3）底部KOL扩散：注重"量"

虽然底部KOL的影响力和内容创作能力有限，但是他们数量庞大，是信息扩散、引流的主力，所以也是金字塔KOL矩阵不可缺少的一部分。底部KOL的粉丝量不一定多（10万~30万粉丝已经足够），但与合作的KOL数量一定要多。

具体来说，企业号可以寻找100个左右的底层KOL，让他们在自己的账号分发、点赞企业号发布的短视频。当然，底部KOL也可以通过拍摄"好物开箱""好物分享""好物推荐""好物清单"的短视频为企业的品牌或产品引流。例如，在小红书平台，很多粉丝量在10万左右的KOL常常会以给大家推荐近期使用的好物的方式向用户推荐某个企业的产品，由于广告植入的痕迹较弱，因此用户接受度较高。

总之，企业号要想充分地发挥出KOL的力量，就要积极搭建金字塔KOL矩阵，打造头部KOL背书、腰部KOL成交、底部KOL扩散的营销模式，既引爆话题和热度，又能真正实现产品销量的增长。

## 6 激发KOL互动、参与，带动流量裂变 ▶▶

对企业号运营来说，如果KOL能够主动地进行互动、参与，就会让短视频的流量呈现裂变式的增长。但是，与企业号合作的KOL常常是"拿多少钱干多少活"，不会主动互动和裂变，想要获得其他未合作的KOL的互动、参与更是要难上加难。那么，如何才能够激发KOL互动、参与和裂变呢？如图6-9所示。

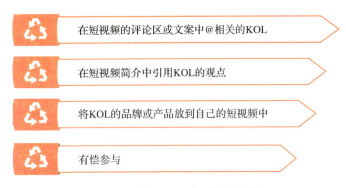

在短视频的评论区或文案中@相关的KOL

在短视频简介中引用KOL的观点

将KOL的品牌或产品放到自己的短视频中

有偿参与

图6-9　激发KOL互动、参与的方法

### （1）在短视频的评论区或文案中@相关的KOL

要想吸引KOL的注意，激发他们互动、参与并转发短视频，企业可以在企业号发布的短视频的评论区或文案中@相关的KOL。

如果是影响力较大的品牌，这一行为能有效地激起被@的KOL互动，获得他们的评论或转发。因为在这些被@的

KOL看来，一方面被影响力较大的品牌@或提及是一件有荣誉感的事情；另一方面被@的KOL参与其中也能加强自己在社交网络的专业形象。

如果品牌的影响力较小，但短视频的内容足够优质，也能引起被@的KOL的关注。因此，企业可以有针对性地通过有价值的短视频内容吸引KOL的关注，并在短视频的评论区或文案中@相关的KOL。例如，某美妆品牌的企业号在发布短视频时，在评论区@相关的美妆类的KOL："@××，行家看看这期短视频怎么样？"一旦被@的KOL做出互动，就帮该短视频做了宣传。

即使这些被@的KOL不转发企业号的内容，仅在企业号发布的短视频或营销信息下进行评论、点赞，也能为企业号带来一定的热度和流量。因为即使是 KOL 的一个点赞，也可以使企业号的这一内容出现在KOL的个人主页中，进而被更多的用户看到。

使用这个策略时，企业要遵循两点：

一是不要过于频繁地提及相关的KOL，次数过多会引起对方的抗拒。

二是不要在完全充斥着商业信息的短视频中@相关的KOL，一方面营销目的过于明显；另一方面被@的KOL会认为与之互动会影响自己的价值。

## （2）在短视频简介中引用KOL的观点

企业号在发布短视频时，也可以在简介中引用KOL的观点，并@他们，这一行为也能成功吸引KOL的注意。因为引用KOL的观点会让KOL觉得该企业号在推广自己，甚至将自己的言论放置到一个专业的、有说服力的位置，进而会产生一种价值感。如此一来，被@的KOL也很乐意做出互动，因为他们相信这样做会提高自己在粉丝心中的影响力。

例如，某美食商家在企业号发布的短视频中引用了某美食KOL的一句话，"××说，'食物出现在口腔里，就像爱情出现在青春里'"。并且在发布短视频时@了该KOL，很快就得到该KOL的互动反馈。

### （3）将KOL的品牌或产品放到自己的短视频中

随着KOL的粉丝量越来越多、影响力越来越大，很多KOL也自成商家，开始推出自己的品牌和产品。面对这类KOL，企业要想激发他们互动、参与和裂变，可以将KOL的品牌或产品放到自己的短视频内容中并发布，同时@对方。

例如，某服装商家的企业号在发布的短视频中，将某位KOL设计的背包作为服装搭配的一部分放入其中，并在发布内容时@对方："日常又温柔的秋季穿搭，配上这款背包就更美好了@××"，成功激发被@的KOL在他的账号上转载该短视频。

### （4）有偿参与

有偿参与是指企业通过给予参与的KOL报酬的方式，吸引对方参与进来。例如，企业号运营团队提前与相关的KOL

沟通，需要KOL在企业号发布短视频内容后做出转发、评论和点赞的行为。作为回报，企业号会提供一定的报酬。这种方式也能激发相关KOL的互动、参与，带动流量裂变，进而为短视频带来更多的流量。

需要强调的是，企业号不要寄希望于在没有初期发布的状况下就仅凭借内容吸引KOL主动传播而获得广泛关注。只有在已经做了相关发布的基础上再去积极地激发KOL互动、参与，才能实现更好的裂变效果。换句话说，企业号要让这些互动的KOL扮演一个锦上添花的角色，而不是雪中送炭的角色。

 **7 多跟平台官方互动**

笔者在前面的章节多次提到企业号要多跟平台官方互动。在渠道引流环节，企业号与平台官方互动的重要性更加明显。

**一是与平台官方互动可以获得不花钱的流量。**相比较需要花钱才能购买的商域流量，企业号跟平台官方互动不需要花费金钱购买就可以吸引平台官方自带的流量。

**二是操作简单。**企业号在发布短视频时简单地@官方账号就能完成一次互动。此外，企业号也可以通过参加平台官方的活动实现互动。这些互动方式都非常简单，很容易操作。

**三是能够获得更多的推荐和流量。**经常与平台官方互动的企业号若发布了优质的内容，就能够获得平台官方的大力推荐，甚至还会被推成热门，获得广泛的关注。

具体来说，企业号与平台官方互动可以从以下几点着手，如图6-10所示。

图6-10 企业号与平台官方互动的三种方式

## （1）发布内容时@官方账号

企业号在发布内容时@官方账号是非常简单的互动方式，这部分内容笔者在第5章第6节中也有所提及。例如，在抖音上@抖音小助手、@抖音广告助手等，如图6-11所示；在小红书上发布内容可以@吃货薯、@日常薯等。

为了避免@的账号是非官方账号，企业号运营团队可以通过查看账号是否有"蓝V"标识，并查看"黄V"或"蓝V"[1]认证身份来确认。以抖音小助手为例，上面显示出"蓝

———————

① "黄V"或"蓝V"："黄V"指个人账号认证；"蓝V"指企业账号，需要绑定企业以及公司的相关资料通过官方审核后才能认证成功，权重比一般账号高。

图6-11　抖音上@官方账号示例

V"和"抖音短视频官方账号"字样，则表示是官方账号。此外，抖音小助手作为抖音官方粉丝较多的账号，更新的内容除了每周一更的"抖音热点大事件"，还会更新抖音平台最新的活动等，这对企业号运营来说也有一定的参考价值。

## （2）参与平台官方发起的活动或者主动发起活动

很多短视频平台会发起很多活动供创作者参与。一般官方发起的活动具有权威性，且号召力强，更重要的是能够迅速汇聚站内的优质资源，继而引发二次、三次传播，形成裂变传播趋势。所以，企业号可以多参与平台官方发起的活动，运营团队要有追踪平台热点的意识，多注意查看平台官方发布了什么话题、产生了什么热点等，并关注有哪些热点和话题是自己的企业号能够参与的。一旦发现有与自己的企业号相关的热点和话题，就要积极参与其中。

除了可以参与平台官方发起的活动和话题，企业号还可以主动发起活动或话题,吸引平台官方的关注,进而获得流量。例如,某品牌的企业号在抖音上发起了"城市T台,不服来抖"的主题挑战赛,挑战赛在短短一周之内就吸引了3万多抖音用户自发创作短视频,收获了超过2亿播放量、850万点赞数,大幅提升了该品牌在时尚年轻群体中的影响力。

所以,如果有好的创意,企业号也可以在平台主动发起活动。一旦活动引起关注,就能快速地传播开来,使企业号在短时间内获得更多的流量。

### (3)评论和转发平台官方的活动信息

除了发布内容时@官方账号和参与平台官方发起的或者主动发起活动,企业号还可以通过评论和转发平台官方的活动信息的形式与官方互动,同样也可以实现引流。例如,小红书的官方账号"吃货薯"发布了的一条美食短视频,某餐饮店的企业号在该短视频的留言区发表了有趣的评论,吸引了不少用户关注该餐饮店的企业号。

与平台官方互动是一个很小也容易被忽略的一点,但是企业号如果能够积极地抓住这一点,同样也能获得额外的流量。总而言之,渠道引流大到全渠道布局,小到与平台官方互动,都需要企业号运营团队做好统筹规划,贯彻执行。运营团队只有兼顾大小渠道,才能真正地实现引爆百万流量。

# 第 7 章

# 短视频+直播：
# 打造闭环式
# 流量变现系统

　　"短视频 + 直播"的营销模式，已经成为越来越多企业的营销标配。前期短视频"种草" +后期直播"拔草"，能有效打造闭环式流量变现系统，提升产品销量。

**短视频带货和直播带货**

2020年被称为直播带货元年，不仅淘宝直播高速发展，抖音、快手等短视频平台也在快速抢占直播带货市场，小红书平台更是不甘示弱，开启了直播带货入口。除了各大平台打响直播带货战役，越来越多的企业号也开始加入直播阵营。例如，某知名零食品牌在2020年上半年年报中显示，通过直播、短视频等新兴工具扩大电商流量入口，累计开展直播超50场，实现近2亿元的销售额。

与短视频带货不同的是，直播带货是将原来图文、短视频的电商模式，通过实时性、可体验、互动性的直播形式打造出销售场景实现销售带货。具体来说，短视频带货和直播带货存在以下几点差异，如表7-1所示。

表7-1　短视频带货和直播带货的差异

| 项目 | 短视频带货 | 直播带货 |
| --- | --- | --- |
| 时长 | 时间短（3~5分钟） | 时间长（1~2小时） |
| 带货策略 | "专业+场景"为核心 | "产品+低价"为核心 |
| 销售成交策略 | 更注重长线"种草" | 更注重快速销售转化 |
| 带货效果 | 专家型、影响力型KOL效果好 | 强带货、强情感渲染型主播效果较好 |
| 用户互动性 | 用户互动性相对较弱 | 用户互动性相对较强 |

## （1）时长不同

短视频一般时长在3~5分钟，甚至有的短视频时长只有十几秒或几十秒，时长短的好处在于用户可以在碎片化的时间快速看完，既能满足娱乐的需求，又能在满足娱乐需求的过程中接收到产品和品牌的信息。短视频带货的劣势在于一个短视频只能添加一个带货链接，带货能力有限。

与短视频相比，直播时长较长，动辄1~2小时。虽然在时长上不具有优势，但直播过程中的实时沟通和主播的真实表现在一定程度上弥补了时长的不足，也能吸引用户。并且，企业做一场直播可以售卖几十件甚至上百件产品，还可以根据实际情况灵活地将时间分配给这些产品，带货效率更高。

## （2）带货策略不同

短视频带货以"专业+场景"为核心，视频中的出镜人物会通过专业性的解说或者通过拍摄有关品牌和产品的剧情场景向用户传递产品和品牌的价值。例如，很多短视频博主会在短视频中从产品的生产地、材质、使用方法和优势等方面向用户展示产品，或者通过情景剧的方式展示产品的使用场景，吸引用户。

直播带货则是以"产品+低价"为核心。直播中的主播会一直陈述产品的各种价值和优惠，并且通过优惠、折扣活动等字眼吸引用户。

## （3）销售成交策略不同

短视频带货更注重长线"种草"，运营团队通过不间断地更新短视频，将视频中的产品和品牌潜移默化地植入用户的心中，直至最后激发用户购买。

与短视频相比，直播带货更注重快速销售转化。直播能让用户更直观地看到产品，同时主播会通过互动、优惠活动等措施鼓励用户下单。例如，服装店的主播会重点展示服装的穿着效果、材质、独特设计等，吸引观看直播的用户的目光，并且通过一些优惠促销活动，快速激发用户下单。

## （4）带货效果不同

在短视频带货中，专业型、影响力型的KOL带货效果更好。受权威心理的影响，一般用户会将权威人士或专业人士视为"正确的模板"，购买他们推荐的产品会使自己具备安全感，减少出错的概率。因此，当用户看到专家型、影响力型KOL的带货短视频时，脑海中涌现的是"既然××专家都非常肯定这款产品，说明这款产品的质量有保证""这是明星推荐的，应该可以信任"等想法。有了强大且安全的心理依据后，用户会更容易下单。

在直播带货中，强带货、强情感渲染型主播的带货效果比较好。这类主播能够在直播中富有感情地、饱含真诚地、持续地陈述产品的特点和功能，并且通过描述购买产品后的使用场景、使用效果等，让用户建立对产品的美好想象，进而产生一种迫切想要拥有的心理，于是快速下单。

### （5）用户互动性不同

短视频带货的用户互动性相对较弱，因为短视频是企业制作好后发布的，一般很难实时跟进用户的反馈。例如，用户观看短视频后询问企业有关产品的信息，企业可能会在一小时后才能回复用户的问题。

在直播带货中，主播和用户有着较强的互动性，不仅主播的话语能够被用户迅速接收到，用户的反馈也能被主播实时看到并解答。在直播带货中，观看直播的用户可以将自己的问题以评论的形式发送给主播，例如，"55公斤适合穿多少码？""身高158厘米能穿吗？""这款衣服还有别的颜色吗？""去哪里领优惠券啊？"等，主播能实时看到这些评论并立即做出回复，彼此间有着较强的互动性。这一特点也是直播带货能让用户快速下单的原因。

总之，短视频带货和直播带货有各自的特点和优势，企业要想充分地发挥出带货效果，就要双管齐下，共同发力。如果企业通过短视频带货已经积攒了一波粉丝，并且成功地让用户熟悉了产品，此时直播带货的效果会更佳。

## 2 "短视频+直播"组合营销策略

在上一节，笔者详细介绍了短视频带货和直播带货各自的特点和优势。短视频带货可以通过策略与创意的融合精准高效地向用户传递产品的品质和品牌的主张，而直播带货既能拉近用户和品牌之间的距离，又能通过与用户的即时沟通促使用户下单。所以，在企业号运营中，如果运营团队能将短视频和直播联合起来营销，两者将会发挥出巨大的效果。

但是，"短视频+直播"营销并不是简单地将短视频和直播同时启动，而是要掌握一定的策略，充分地发挥出两者的价值。

### （1）先进行短视频"种草"，再进行直播"拔草"

"种草"是网络流行语，表示分享推荐某一商品的优秀品质，以激发他人购买欲望的行为，或自己根据外界信息，对某事物产生体验或拥有的欲望的过程。短视频"种草"即通过短视频向用户介绍、推荐产品。

直播"拔草"，从用户的角度看，是指在观看直播时将原先想要购买的东西买回来；从企业的角度看，是指短视频中推荐的产品在直播间售出。微播易（数据驱动的短视频KOL交易平台官方）相关数据显示，短视频"种草"对90后和00后尤其见效，越年轻的用户对短视频"种草"的信赖度越高。这些被"种草"的短视频用户，其实就是产品潜在的消费群体，即便没有立即购买企业的产品，也已经把产品加入了"购物车"。

相对来说，"种草"是一个循序渐进的长期的过程，大部分用户不会因为只看了一条"短视频"或者仅听主播简单的介绍就对一款产品"种草"。"拔草"则是一个下单购买的动作，常常是在某种消费氛围下产生的消费冲动。如果消费者因为之前看到过某款产品的介绍，心仪已久，那么在面对优惠、抢购等销售氛围时会产生更强烈的消费冲动。所以，"短视频+直播"组合营销的第一步就是，先进行短视频"种草"，再进行直播"拔草"。

### （2）做好时间和精力的分配

企业号在实施"短视频+直播"组合营销时，一定要做好短视频环节和直播环节的时间和精力的分配。在这方面，不少企业经常会犯以下三种错误。

一是将短视频"种草"与直播"拔草"割裂看待，认为两者是相互独立的个体，所以并没有关注时间和精力的分配问题。

二是奉行平均原则，平均分配花在短视频"种草"和直播"拔草"上的时间和精力。

三是将更多的时间和精力花在直播"拔草"上。因为在不少企业看来，短视频"种草"不能立即变现，直播"拔草"才是利润的保障。

其实，"短视频+直播"组合营销要想发挥出更大的效果，企业应该花更多的时间和精力在短视频"种草"上。如果前期短视频"种草"工作做得好，后期的直播"拔草"转化就会水到渠成。

如果将"短视频+直播"组合营销需要投入的时间和精力分为十等份，建议企业将七份的时间和精力投入到短视频"种草"环节，留出三份的时间和精力投入到直播"拔草"环节。

总之，企业要想整合"短视频+直播"营销并充分发挥出"短视频+直播"的优势，首先需要通过短视频"种草"，最大限度地让用户对产品建立认知；然后再通过直播带货，迅速"拔草"，真正地将流量转化为销量。

## 3 短视频"种草"：4W1H方法论

"4W1H"是由英文单词What、Who、When、Where、How的各单词的首字母缩写组合而成，即某个用户在某个时间点、某个地方以某种方式完成了某个具体的事情。在本节中，"4W1H方法论"是指企业在借助短视频"种草"时，要明确以下五个要素："种"什么产品、"种草"的对象和"种草人"、"种草"的时间、"种草"的平台以及"种草"的策略，如图7-1所示。

图7-1　4W1H方法论的具体含义

## （1）What——"种"什么产品

在短视频"种草"中，产品是核心。因此，"What"强调的是运营团队围绕目标用户的需求精心选品。笔者在第3章中已经介绍了企业号的选品逻辑，在这里笔者再强调四个关键点。

**一是多，指选择品类丰富、库存量大的产品。**首先，品类丰富、库存量大的产品意味着该产品有更大的市场需求，被用户"种草"的机会更大；其次，说明产品供应充足，即使"种草"量大也能保证及时发货。

**二是快，指选择满足快消需求的产品，下单快且物流快，整体流程通畅。**如果产品是用户日常需要使用的快消类产品（即快速消费品），并且用户一键下单后能够很快收到产品，在这过程中不会出现突发问题，往往更容易通过短视频"种草"。

**三是好，指选择漂亮、效果好、成分好、主题好的产品。**如果产品的外形精致漂亮、有趣可爱，产品的使用效果佳，产品的成分好，或者产品能够宣扬一种时尚健康新潮的主题，往往也能吸引用户的兴趣。

**四是省，指选择单价在100元以下的产品。**在第3章第3节中笔者提到，单价在100元以下的产品因为物美价廉更容易被"种草"。因此，在短视频"种草"选品时，单价在100元以下的产品也可以作为重点关注对象。

## （2）Who——"种草"的对象和"种草人"

在"4W1H方法论"中，"Who"指的是"种草"的对象和"种草人"。

**首先，企业要洞察"种草"对象的痛点和痒点。**

"种草"对象指的就是目标用户。围绕目标用户的痛点或痒点进行精准"种草"才更容易成功。

"痛点"是指用户在生活和工作中所碰到的问题、纠结和抱怨等，是用户面对的必须要解决或者优先要解决的问题，比如口渴了要喝水。

"痒点"不一定是用户必须要解决的问题，而是用户内心渴望拥有的但没有也可以，它满足的是用户追求更好的一种深层次的愿望。例如，用户旅游时想住五星级酒店，但不住也可以，住了则会极大地提升用户此次旅行的体验。

针对"种草"对象的痛点和痒点设计产品的卖点也会有所不同。例如，同样一款美妆产品，痛点设计是基于产品所能解决的问题存在的，包括美白、保湿、祛皱、防晒、滋养、抗衰老、祛角质、淡化细纹等；痒点设计是基于产品所传递出的一种美好理念存在的，能够给用户带来美好的想象空间。

**其次，企业要选对"种草人"。**

所谓"种草人"是指在此次短视频"种草"营销中以在短视频中出镜、转发短视频以实现产品宣传目的的人。具体来说，主要是以下三类人。

**一是企业的代言人**。企业的代言人一般有百万级甚至千万级的粉丝，他们在粉丝心中有着较高的位置，甚至对粉丝的购买行为有着决定性的影响。邀请代言人成为"种草人"能够在短时间内推广品牌，让较多人知道企业的产品。

**二是企业的老板和员工。** 从某种程度上说，企业的老板和员工是天然的"种草人"，因为他们熟悉产品，能够全面地向用户展示产品信息，也能专业地解答用户的疑问。

**三是企业合作的KOL。** 包括头部KOL、腰部KOL、底层KOL，他们都在宣传企业号中扮演着不同的角色，笔者在第6章第5节已经做了具体的解说。

## （3）When、Where——短视频"种草"的时间和平台

**首先，短视频"种草"的时间，即"4W1H方法论"中的"When"。** 在第5章第3节中笔者提到，一天中发布短视频的高峰期有四个，企业可以选择在这四个时间点发布短视频，尤其要充分利用晚上9—11时这段时间，最大化地获取流量。

**其次，短视频"种草"的平台，即"4W1H方法论"中的"Where"。** 企业要根据不同的平台特性和使用该平台的用户特性选择发布"种草"内容。例如，在娱乐化的短视频平台，企业适宜发布有趣的、搞笑的、有"颜值"的、有价值的"种草"短视频，包括情景短剧、好物开箱等。在电商平台，企业适合发布能够展现产品特点，能有效给用户提供购买参考的"种草"短视频。

## （4）How——短视频"种草"的策略

常见的短视频"种草"的策略有以下几种。

一是开箱"种草"。这是一种十分直观的"种草"方式，主要是从新用户的视角进行拍摄，做出拆包裹、开箱、拆标签等行为，向用户全方位地展示产品，并通过试用的形式满足新用户的好奇心，激发用户对产品的好感度和购买欲望。很多头部KOL、明星、专业达人等都通过发布开箱"种草"的短视频向用户推荐产品。

二是试用"种草"。指"种草人"亲自试用产品，并向用户分享产品的使用感受、性能、质地和效果等。在这个过程中，很多"种草人"会直接通过镜头展示产品的使用效果，全方位地向用户传递产品信息。例如，"种草人"直接在镜头前涂抹口红，向用户展现出口红的颜色，并对颜色进行综合评价。

三是测评"种草"。这是一种比较专业的"种草"方式，一般"种草人"会通过一定的理论依据，对产品的外观、性能、功效等方面进行测试，并根据真实的测试结果进行深度的评价。这种测评方式因为可信度高，因此用户更容易被"种草"。

四是清单"种草"。一种内容比较丰富的"种草"方式，一般"种草人"会一次性汇集多种产品进行推荐，因为推广的产品能够被自然地植入其中，广告痕迹较弱，所以用户接受度比较高。例如，某KOL将零食通过列清单的方式向用户进行"种草"，并在视频中还将清单上的产品进行一一展示，让用户了解这些零食的样子和味道，吸引用户购买。

如果企业能够遵循"4W1H方法论"，才能有条不紊地在
短视频"种草"环节开展具体工作，进而真正将短视频"种
草"工作落实到位。

# 4 直播"拔草"：直播成交策略

直播带货是一种即时性非常强的销售场景。在一场直播
中，分配给一款产品的时间可能只有十几分钟甚至几分钟。
在这么短的时间内，主播要通过展示、解说等策略实现成
交，远比线下面对面的销售成交更难。因此，在直播"拔
草"环节，无论是处于后台的企业，还是站在屏幕前的主
播，都必须掌握一定的成交策略，如图7-2所示。

图7-2　直播"拔草"的成交策略

## （1）充分利用"3、2、1"倒计时播报技巧

心理学上有一个时间压力效应，是指人们在压力下常常会快速做出决定。在直播带货中，主播可以充分发挥时间压力效应，采取"3、2、1"倒计时的方式促进观看直播的用户快速下单。例如，"注意了，3、2、1开抢啦！""还剩下最后5件，3、2、1开始……""3、2、1上链接！"等。

在这种倒计时的压力下，原本就有购买想法的用户会因为担心买不到产品而快速做出购买决策。最重要的是，当主播开始倒计时的时候，其实用户已经开始准备按下购买按钮下单了。这种时间压力效应下的倒计时播报对于直播带货来说，效果非常明显。

如果用户对产品完全没有购买的想法和意愿，那么他们在面对倒计时播报时就不存在压力。因此，在使用倒计时播报技巧前，主播要对产品进行全方位的展示、解说，同时多发放一些优惠券和折扣等，激发用户产生想要购买的心理，为接下来促进用户下单做好准备。

## （2）专业且多维度地介绍产品

有的用户观看直播时内心会存在一定的顾虑，比如担心产品的质量不好、产品的成分存在问题、食物不够新鲜等。面对这类用户，主播就要通过专业且多维度地介绍产品来打消用户的顾虑，提升他们的信任感。

具体来说，主播在介绍产品时，要从产品的功效、成分、材质、价位、包装设计、使用方法、使用效果、使用人

群等进行多维度的介绍和展示。如果运营团队能够邀请专业人士，比如产品研发人员、权威专家等和主播一起进行专业的介绍，可信度也会得到极大的提升。

此外，主播也可以通过官方资质、产品的好评率和复购率、亲身体验展示、现场下单购买等方式打消用户的顾虑，促进用户下单。例如，"这款产品之前我们已经卖了10万套""我已经用了10盒了，出差也天天带着。"等。

### （3）限时限量秒杀

限时限量秒杀和倒计时播报技巧有点类似，利用的是用户害怕失去或害怕错过的心理，有效地激起用户内心的紧迫感，促进用户下单。例如，"这一款衣服真的是我们家的爆款，只有××件了。看中了一定要及时下单，不然等会就抢不到了！""今天只限在我的直播间有这个价格，过了今天就没有这样的优惠力度了！""只有我们这里有这样的价格，往后只会越来越贵！""活动马上结束了，要下单的朋友们抓紧咯！""倒数10个数，抢购马上开始，抢完就下架！"等。这种强调限时限量秒杀的语言会让用户产生一种"机不可失，时不再来"的感觉，进而快速做出购买决策。

### （4）竞品对比

竞品对比是从产品的各个方面与竞品进行对比，让用户产生购买的想法。在直播中，竞品对比一般强调的是价格的对比。

　　虽然直播间的产品价格会比平时的价格要优惠，但有的用户也会有"可能其他直播间的同类或同款更便宜呢"这种想法。为了打消用户的这种顾虑，主播在直播中除了要专业地介绍产品的成分、功能和使用效果，还可以通过与竞品价格作对比的方式让观看直播的用户感受到直播间的优惠力度。企业可以提前准备找同款产品在其他平台的价格并截图保存下来，在直播间展示给用户看，或者直接在直播过程中到其他电商平台搜索同款，让用户更直观地看到价格对比。在这种对比之下，观看直播的用户会立刻产生"买到就是赚到"的感觉。

## （5）反复强调产品的效果和价格优势

　　在直播的过程中，主播要反复强调产品的效果和价格优势，不断攻破用户的心理防线，让用户难以抗拒。例如，在某头部主播的直播间，她会一直强调"不用想，直接拍，只有我们这里有这样的价格，往后只会越来越贵。""没有比这个价格更优惠的价格了。"等。

## （6）及时回应用户的问题

　　在直播中，主播若是能及时回应用户的提问和要求也能促进用户下单。例如，观看直播的用户提出"主播能穿一下那个黄颜色的小裙子吗？""能不能试穿一下那款粉色的卫衣呢？""能不能介绍一下1号产品呢？"等要求，主播看到后即便不能立刻试穿或介绍，也要及时回复"可以的，稍等一下。"这种紧密的互动会让用户有种被重视的感觉，一旦主播真的按照用户的要求重点介绍某款产品，他们会更加认真地观看进而做出购买决策。

通常情况下，直播带货都会提前预告，所以准时进入直播间的用户一般都是主播的粉丝或者想要购买直播间的某些产品。在这种前提下，直播带货往往比其他销售场景的成交更容易。但这并不意味着用户只要进了直播间就会下单，直播间成交量的大小和主播的成交能力有很大的关系。所以，掌握一定的直播成交策略是直播"拔草"环节必不可少的工作。除了以上介绍的几种策略，观看"拔草"能力较强的头部主播的直播，学习他们的成交策略也是提高成交能力的重要途径。

## 5 直播带货矩阵，最大限度引爆销量

直播带货矩阵是指企业在多个平台布局企业号进行直播，并且寻找不同的主播合作，最大化地辐射到更多的用户，提升产品的销量。具体可分为两种形式，即多范围主播带货矩阵和多平台企业号直播矩阵，如图7-3所示。

### （1）多范围主播带货矩阵

为了能够吸引更多的用户，企业号除了要在多平台进行直播，还要打造多范围主播带货矩阵。主播带货矩阵是指企

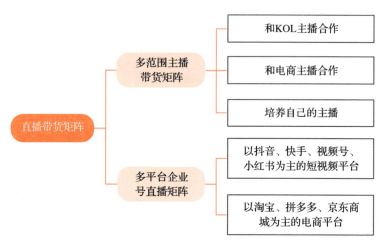

图7-3　直播带货矩阵的两种形式

业要和不同类型的主播合作，以全面引爆流量。

**一是和KOL主播合作。**KOL有着相对庞大的用户群体，并且能有效引导粉丝的购买行为。企业与KOL合作，一方面能够有效提升观看直播的人数；另一方面KOL的引导能力也能带动产品销量的增长。

直播带货中合作的KOL主播一般分有两种类型。

**一种是明星、专家。**例如，在很多直播间，企业会邀请当红明星或相关入驻领域的专家进入直播间一起直播，既能有效地带动直播间的人气，又能留住已经观看直播的用户。

**还有一种是个人品牌定位和需要销售的产品定位一致并且粉丝重叠度较高的KOL。**邀请个人与品牌定位和需要销售的产品定位一致并且粉丝重叠度较高的KOL，一方面能够让品牌和产品形象更深入人心；另一方面也能更快速地实现销售转化。

**二是和电商主播合作。**与在各个领域输出有价值内容的KOL相比，电商主播更像是扮演了一个销售员的角色，主要职责就是销售产品。由于经验丰富，他们能明确知道用户和粉丝想要什么，也能凭借出色的推销能力和过硬的产品知识讲解能力，在一场直播中成功销售几万件甚至十几万件产品。

例如，淘宝主播薇娅在2017年的"双11"销售额就突破了4000万元，2018年"双11"的销售额超3亿元。在2020年的"双11"预售首日，薇娅更是以53.2亿元销售额拿下天猫直播日榜的第一名。

显然，专业的电商主播的带货能力更强劲，更有助于企业快速实现销售转化。

**三是培养自己的主播。**培养自己的主播有诸多的好处。首先，主播的稳定性高，在需要直播的时刻，企业可以直接安排旗下的主播上阵。其次，自己旗下的主播比其他的主播更熟悉自家的产品，更能精准地向用户传递出产品的特征和价值。

具体来说，企业在选拔和培养自己的主播时要关注以下三点。

**第一点是形象。**这里的形象包括声音形象和外在形象气质。对于直播带货的主播来说，吐字清晰、发音标准、声音有亲和力是必备的首要条件。在外在形象气质方面，一般形象气质较好的主播在直播中更能吸引用户的关注，提高直播间的人气。随着直播用户审美要求的提升，具有强烈的辨识度和个人特色的主播会越来越受欢迎。

**第二点是情绪控制能力**。直播带货中的情绪控制能力包括两点，一是不因用户的言论产生负面的、消极的、对抗的情绪；二是直播全程要保持饱满的积极情绪。情绪控制能力强的主播更容易专注直播本身，保证直播带货的效果。

**第三点是专业的销售能力**。具备专业的销售能力是直播带货主播的核心竞争力，也是企业选择、培训直播带货主播的重点工作。首先，企业在选择主播时就要重点考察他们对产品是否熟悉、是否能够专业地介绍产品、是否能够快速地解答用户的各种问题、是否能够引导用户下单购买产品等。其次，即使选出销售能力非常强的主播，企业也不能掉以轻心，要对主播进行长期培训，尤其是每次直播之前都要做针对性的培训，以确保直播带货的效果。

### （2）多平台企业号直播矩阵

多平台企业号直播矩阵是指企业要在各大平台利用企业号进行直播，以辐射到各个平台的用户。直播带货平台主要包括两类：一是以抖音、快手、视频号、小红书为主的短视频平台；二是以淘宝、拼多多、京东商城为主的电商平台。企业在这两类平台上开展直播带货，各有好处。在短视频平台上开展直播带货，企业号积累的粉丝可以直接转化成直播

间的用户。在电商平台开展直播带货，关注企业的粉丝也会
转化成直播间的用户，而且用户在观看直播的过程中可以直
接查看该店铺的其他产品，无形间会提升其他产品的销量。
不过，企业要想在电商平台上做直播，首先要在电商平台上
开设店铺。

可以说，直播带货矩阵若做得好，能最大限度地引爆销
量。当然做好直播带货矩阵也并不是一件容易的事情，企业
既要做好多范围主播带矩阵，又要做好多平台企业号直播矩
阵，两者结合才能真正发挥出直播带货矩阵的价值。

## **6 供应链共享：打通短视频与直播带货** ▶▶

"短视频+直播"组合营销的内在逻辑是"浅种草+深转
化"，真正让企业号的流量在短视频和直播之间产生流动、
转化。因此，企业必须要从供应链着手打通短视频与直播带
货的流量渠道。

供应链是指生产及流通过程中，涉及将产品或服务提供
给最终用户活动的上游与下游企业，所形成的网链结构。在
本书中，供应链是指从选品到导流再到转化的闭环式流量变
现系统。无论是短视频"种草"还是直播"拔草"都遵循这
个系统。因此，打通短视频与直播带货的流量渠道实际上就
是将两者在选品、导流等环节的工作进行共享，最终实现销
售转化。

## （1）选品共享：从短视频爆款到直播销售

选品共享是指把短视频中"种草"量高的产品共享到直播带货中去。

具体来说，企业要选择那些高播放量、点赞量、评论量、转发量和收藏量的短视频中有高热度的产品。这类产品有着较好的流量，已经获得终端用户的认可，再做直播带货时既有流量的保障，也能提升产品的销量。

对产品进行初选之后，企业要解决的就是上游产品供应的问题。产品供应的问题包括确定产品的价格、产品的优惠力度、库存量是否充足、产品热卖后供应链是否能及时供应等。

**首先，直播产品的定价策略。**任何销售场景下，价格都是影响产品销售的关键因素。以"优惠"为核心成交策略的直播带货中，产品定价是首先要解决的问题。一般来说，直播产品有以下两种定价策略。

**一是"9"结尾的定价策略。**例如，9.9元、19.9元、99元、199元等。心理学研究表明，人的大脑为了方便选择，会给产品的价格进行分组。如果一件衣服的价格是199元，人们会自动划分到"一百多元"的价格组中。但是如果这件衣服的价格是201元，就会被划分到"两百多元"的价格组中。虽然实际上只贵了2元钱，却让用户产生截然不同的感受。所以，为了让用户感到"优惠"但又不影响利润，可以采取"9"结尾的定价策略。

**二是"锚定效应"定价策略。**人们在对某人、某事做出判断时，易受第一印象或第一信息支配，就像沉入海底的锚一样把人们的思想固定在某处。直播间里的"锚"就是用户第一眼看到的产品价格。例如，一款大衣计划在直播间以299元出售，但是主播在一开始介绍的时候可以说大衣的价格是799元。这里的"799元"就是一个锚定价格，它提升了用户对于这款大衣的价值感知。然后，主播在直播间当场划掉799元，把大衣的价格改为299元，让用户感受到优惠力度，这就很容易促进用户下单购买。

**其次，直播产品的优惠策略。**直播产品的优惠力度同样也会影响产品的销量。在设计直播产品的优惠政策时，企业可采取以下两种策略。

**一是惊喜优惠策略。**例如，一款产品在直播间的价格是99元，但当直播间的用户下单购买时，却发现只需支付 89元。这一行为既给了用户惊喜的感觉，也能吸引用户更加坚定下单的决心。

**二是阶梯优惠策略。**例如，某款产品的实际售价是59元，在直播间购买的话第一件29.9元，第二件19.9元，第三件9.9元，第四件免费送。在这种阶梯式优惠策略下，会带给用户带来强烈的冲击，让他们快速产生消费的冲动。

**最后，直播产品的库存及售后问题处理策略。**直播带货面对的可能是几万、几十万甚至几百万的用户，所以企业一定要在直播之前、直播期间、直播后反复确认产品的真实库存、发货时间以及库存的补货周期。如果出现库存告急问题，可以采取少量多批策略或者预售策略。

一场直播下来会销售成千上万件产品，这些产品送到用户手中可能会出现各种各样的问题，如产品质量问题、快递问题、产品操作和使用问题等。如果这些问题不能妥善处理，不但会导致用户退货，还有可能会影响企业的信誉，所以处理好售后工作也是直播带货中的重点工作之一。

售后工作虽然看似在产品销售之后才发生，实际上好的售后工作都是提前做好准备的。在直播开始前，企业一方面要积极与上游的供应商对接，确认供应商是否能及时供货，并把关厂家的产品质量问题；另一方面要做好售后人员的培训工作，包括如何规范地回复用户的问题、指导用户操作和使用产品等。

### （2）导流共享：让短视频流量帮扶直播流量

选品之后，企业接下来要做的是导流共享。导流共享是指将短视频的流量共享到直播带货中。具体来说，导流共享主要有两种方式。

**一是在短视频中提前进行直播预告。**企业在直播的前几日，可以每天发布短视频，并在短视频中告知用户和粉丝直播时间。例如，"本周六（11月28日）我们会直播，给大家分享性价比高的好物，大家记得观看哦！""本周六（11月28日）直播，将会有××降临我们直播间，大家快来观看！"等。通过提前告知的方式让短视频用户和粉丝知道直播时间，进而为直播间吸引流量。

**二是一边直播一边发布短视频引流。**企业除了提前进行直播预告引流外，还可以在直播的过程中发布短视频引流，让刷到短视频的用户可以进来观看直播。直播过程中借助短视频引流有两种方式，一是在短视频的左上角打上"直播中"的字样，二是短视频中添加直播链接并显示"点击进直播间"。

### （3）销售转化：将产品销售出去

选品共享、流量共享的最终目的都是销售转化，将直播间的产品真正地转化成销售额。销售转化的核心在于采取一定的成交策略促进直播间的成交。关于直播间的成交策略，笔者在本章第5节中已经做了具体的介绍，企业可以参照那些策略提高直播销售转化的效果。

"短视频+直播"的供应链共享有利于打造闭环式流量变现系统，使流量在短视频和直播间无障碍地流通和转化，有效提升短视频企业号运营的效果。

第 **8** 章

# 用户运营：
## 强化私域流量，
## 构建品牌护城河

如果公域流量是海洋，那么私域流量就是企业自家的鱼塘。企业通过私域流量构建品牌护城河，既能任意时间、任意频次直接触达用户，又能有效提升销量，实现长效发展。

# ① 从流量经营到用户长效经营

流量经营是以智能管道（物理网络）和聚合平台（商业网络）为基础，以扩大流量规模、提升流量层次、丰富流量内涵为经营方向，以释放流量价值为目的的一系列理念、策略和行动的集合。

例如，企业在活动期时通过企业号发布有关品牌、产品或活动的消息，通过吸引流量达到活动的目的（比如推广品牌，带动产品销量），这就属于流量经营。一旦活动结束，企业号就会冷却下来，原因是疏于继续管理这部分被吸引过来的流量。等到下一次品牌或产品再需要做活动时，企业号又会再次想尽办法吸引流量，甚至不惜购买流量。随着时代的发展，流量经营出现了很多弊端。

**一是流量越来越贵，企业需要支付相对高昂的费用来购买流量。**例如，某品牌为了让更多的用户了解自己新上架的产品，需要花费几十万元来购买平台的开屏广告。

**二是不利于增强用户的忠诚度。**例如，某企业号通过活动期的优惠活动吸引了一波新用户，但是活动期结束后，该企业号并不注重维护这部分新增的用户，也不再提供优惠活动，进而使得这部分用户丧失了继续关注该企业号的热情。

**三是难以再次变现。**具体表现为企业号在活动期购买了流量，但是活动期结束后就不再维护这波热度。一旦热度冷却，企业号下次再举办活动时依旧需要购买新的流量，很难从被冷却的流量中再度燃起购买力。

这些弊端使得企业号做流量运营时，营销成本高、获客难度大、沉淀效果差、停投即停效。

企业号若想长久地留住流量，让流量成为企业的忠实用户，就要把流量经营思维转为用户长效经营思维。

**用户长效经营是以用户和粉丝为中心，企业号通过了解用户画像和用户喜好创作用户喜欢观看的短视频内容，同时做好互动管理，实现长期的营销转化**。具体来说，是指企业号通过长期的触达和影响，与粉丝建立更长期的关系，把短期无法转化的无效流量持续地沉淀为潜在客户，再通过一次次的交流感化，使他们获得更深入的认同感，从而形成与用户转化的良性循环。

例如，某知名食品品牌在微博、抖音等各大平台上都开设企业号，通过更新有趣的内容、活动并频繁地互动来保持用户黏性。在抖音平台上，该品牌常常通过办公室日常来结合产品打造生动、有趣的小剧场故事，和用户在一次次的交流中建立频繁的互动关系，使得该品牌的形象更深入人心，产品获得了非常好的销量。

用户长效经营对企业的发展有深远的意义。一方面企业可以降低营销成本；另一方面忠实的购买者作为品牌的粉丝会成为品牌未来获得持续性收益的保障，这样既有利于品牌传播，又能带动产品销量。

用户长效经营类似农耕，虽然需要长期耕耘，但对应的收益更高、稳定性更强，可以实现无限次的变现。

在新流量时代下，企业要想做好用户长效经营，就要做好私域流量的运营和管理。与公域流量相比，私域流量是企业不用付费，可以任意时间、任意频次直接触达到用户的渠道，例如，微信好友、视频号粉丝、微信公众号粉丝、小程序用户、社群用户、微信朋友圈、品牌会员等。

一旦企业号将用户和粉丝引流进私域流量池，就可以通过各种方式持续触达他们，有效降低营销成本，提升营销效果，这就是私域流量的核心优势。因此，做好用户长效经营，打造企业自己的私域流量池是企业号运营中非常重要的一环。

## ② 打通私域流量转化通道

企业号要想将公域流量和之前从商域流量累计的流量转化为私域流量，就需要打通私域流量转化通道。在打通私域流量转化通道环节，企业要做好两件事情。

### （1）建立适合自己的私域流量池

想要获取私域流量，企业首先要建立私域流量池。什么是私域流量池？可以简单地理解为能装下私域流量的容器，这个容器可以是个人微信号、视频号、微信公众号、小程序、微信群、QQ群、论坛、线下实体店等。

企业可以选择以上任何1～3种"容器"进行重点打造，但最好不要超过5种，过多的"容器"不但会分散企业的精力，也会让用户感觉加入太多重复的私域流量池而感到厌烦，进而失去对企业的好感，甚至退出私域流量池。

由于各个平台的属性和功能不同，不同的私域流量池建立的私域流量也会有所差别。笔者将其分为弱关系的私域流量和强关系的私域流量。

弱关系的私域流量包括微博粉丝、豆瓣粉丝、抖音粉丝、快手粉丝、知乎粉丝等，虽然粉丝可以关注企业在这些平台上的账号，但是企业无法随时随地和他们进行互动交流，甚至企业账号发布的内容，粉丝也不一定都能看到。例如，企业号在抖音发布的短视频因为某种原因被限流所以无法推送给粉丝；再如，企业的微博账号更新较慢，活跃度不够，导致很多粉丝无法及时看到账号更新的内容等。

与弱关系的私域流量相对的是强关系的私域流量，包括微信好友、微信朋友圈、微信公众号粉丝、微信群成员、QQ群成员、小程序用户、视频号粉丝、线下实体店会员等。其中微信好友可以实现及时、直接的沟通，而微信公众号粉丝、微信群、QQ群等社群、微信朋友圈的成员和线下实体店会员的活跃度比较高，也更容易实现营销转化，小程序用户、视频号粉丝触达方便且裂变效果较好。

相对来说，打造强关系的私域流量对企业的营销转化显然更有帮助。因此，建议企业号在打造私域流量池时以微信号、微信公众号、社群、小程序、视频号和线下实体店几种"容器"为主。

### （2）打通私域流量转化通道

在确定了私域流量池后，企业就要打通私域流量转化通道。笔者针对打造强关系的私域流量"容器"进行具体介绍，如图8-1所示。

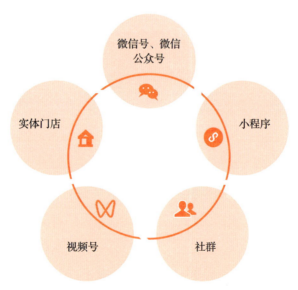

图8-1 打通强关系的私域流量转化通道

**一是打通微信号、微信公众号转化通道。** 微信号又分为个人微信号和企业微信号两种。微信公众号一般是指以企业

为主体注册的公众号。打通微信号、微信公众号转化通道
的方式比较简单，可以在短视频企业号的简介上添加微信
号、微信公众号的账号，也可以在短视频中以"关注微信
号、微信公众号即可获得福利"的方式进行转化。例如，某
美容院的企业号在短视频中强调"关注微信公众号或者添
加企业微信号即可享受免费的肤质测试，并赠送一套适合
您肤质的护肤品"。再如，某服装店的企业号在简介中强调
"添加企业微信号的用户能优先看到新品上新，且享有8.5折
优惠"。

**二是打通小程序转化通道。**小程序是一种不需要下载安
装即可使用的应用，用户扫一扫小程序的二维码或者在微信
小程序界面搜一下即可打开应用，体现了"随时可用，用完
即走"的理念。小程序很容易在用户中产生裂变式传播，更
容易通过激励引导用户做产品分享和通过熟人社交带来新的
用户。

企业可以使用微店铺快速搭建适合自身业务经营的小程
序商城，用户可一键接入小程序直播。此外，企业还要辅助
使用丰富多样的营销工具，如拼团、砍价、优惠券、会员卡
等，来达到拉新、促活、转化、复购等目的。例如，有的企
业号会通过"签到有礼"吸引用户连续签到的方式提高小程
序的日活量，即使用户断签，重新签到后仍旧能够获得1元
无门槛券，并继续开始签到周期。企业通过连续签到，养成
用户每日来逛××（品牌名）微商城小程序的习惯，有效地
增强了用户黏性。

**三是打通社群转化通道。**社群简单地认为就是一个群，但它不只是拉一个群而是基于一个特点、需求和爱好将大家聚合在一起，并且要有稳定的群体结构和较一致的群体意识，有着持续的互动关系。简单地说，社群就是依靠人、兴趣或者产品优惠等将大家连接在一起。

企业可以通过社群的方式将活跃度高、忠诚度高的用户聚集起来，进行精细化运营，通过活动信息、分享优惠券、群员互动等方式增强用户的黏性，让用户持续购买产品或者增值服务，产生变现能力并在此基础上做口碑传播。例如，某知名零食品牌为了增加用户黏性，建立"××（品牌名）吃货集合粉丝福利群"，通过每日爆款、限时秒杀等活动盘活用户，使得企业号的转化率提升86%。

**四是打通视频号转化通道。**视频号作为私域流量池的主要优势在于，用户可以从微信聊天、朋友圈、微信公众号文章等端点直接跳转到视频号，同时也可以通过视频号连接到朋友圈、微信公众号、商店等。因此，打通视频号转化通道的关键在于视频号和微信公众号、朋友圈、微信群、商店之间的相互导流和流量转化。

**五是打通实体门店转化通道。**抖音平台的企业号可以添加企业信息，包括展示主页链接、展示门店、展示小程序等。其中展示门店是打通实体店转化通道的重要途径。此外，企业号还可以在发布短视频时添加"位置"的方式将线上流量引导到实体门店。当用户到实体门店消费时，企业可以通过赠送礼品、会员折扣等方式吸引用户成为实体门店的会员，将其转化为私域流量。

此外，实体门店也要针对会员策划一系列的活动以增强会员的活跃度和黏性。例如，会员购物积分的累积可以兑换礼品、设置会员专属优惠券、定期举办会员才能享有的优惠活动等。

未来的竞争归根结底将是私域流量的竞争。打通私域流量转化通道的主要目的是把企业号的流量转化为黏性更强、触达更方便、变现转化效果更好的私域流量。为此，企业要先打造自己的私域流量池，然后针对私域流量池的特点打通转化通道，让流量变现。

## 3 制造用户裂变的动机

对企业而言，用户的裂变分享可以让企业获得更多、更稳定且忠实的用户。例如，在很多企业号店铺的产品评论区会出现"朋友推荐的""同事推荐的，质量确实好"等评论，这些评论背后反映的是，企业高质量的产品让用户主动成为品牌和产品的传播者，实现了用户裂变。这种力量就像"滚雪球"一样，让企业的用户群体越"滚"越大。

然而，如果没有一定的分享动机，绝大部分用户分享的可能性还是比较小的。因此，企业要制造用户裂变的动机，即用利益驱使用户主动分享裂变，具体可采取以下三种策略，如图8-2所示。

图8-2 驱使用户主动分享裂变的三种策略

## （1）分享获利

分享获利是指用户通过将品牌和产品信息分享给家人、好友或同事获得利益。一般，企业会设置三种形式激发用户分享。

**一是用户只要转发分享就能获得红包或奖品。**例如，"转发商家的第一条朋友圈并截图发到微信群，即可获得2元红包""将这条活动消息转发给本地的5位好友，就可以免费获得8折的优惠券"。

**二是裂变优惠券。**裂变优惠券是指企业提供给用户分享好友的邀请优惠券，好友使用了裂变优惠券，就算用户邀请成功，邀请成功的人数达到指定人数，用户就可以成为企业的会员，获得更多的利益。

## （2）体验测评

体验测评是指企业邀请用户免费体验产品或服务，作为回报，用户要分享自己使用产品和服务的感受，以吸引更多的用户。例如，某蛋糕店推出了一款新品，邀请粉丝群里的用户免费品尝，并将品尝产品的感受记录下来，发布到朋友圈,即可获得一张全店5折的优惠券。

## (3)晒单抽奖

晒单是指购买或体验过产品和服务的用户将本次购物的体验评价以文字、图片或视频的方式发表出来,与他人共享。晒单抽奖是指用户只要在朋友圈或个人账号上晒使用产品后的好评,就能参与抽奖,获得礼物。这也是企业常常使用的一种用户裂变策略。

例如,某水果超市在朋友圈和微信群里发布了一则文案:"新一轮抽奖开始!主动晒出好评的朋友即可参加抽奖。每7天抽出5名幸运宝宝!本期奖品:价值129元全家享大果盘一份(5名)由本店最帅气的店长送到您的手中!抽奖时间11月28日!"。活动消息一经发布,引得该店的用户都主动晒单。该超市会把每位晒单用户的微信写在便签上,然后放进一个抽奖箱里。整个过程都通过短视频记录并发布到企业号和朋友圈,实时记录,实时跟踪。开奖之日,该超市在企业号和朋友圈同步公布获奖名单。当获奖用户前来领取奖品的时候,超市还会邀请用户在朋友圈再次晒出奖品,发表心情。

水果超市以晒单抽奖的形式有效地激发了用户主动分享,带动裂变。不过,晒单抽奖已经成为很多企业常用的激发用户分享的策略,要想发挥出更好的效果,还需要企业在晒单、抽奖、礼品等方面多一些创意。

总之，企业制造用户裂变的动机是以人的心理需求为基础，以利益为动机。通过让用户从分享中获利，进而激发用户主动分享，参与裂变，为企业带来更多的流量。

## 4 线上线下联动趣味玩法，吸引用户打卡 ▶▶

新零售时代，越来越多的企业开始打造线上服务、线下体验的经营模式。这种模式对于用户运营来说同样适用。如果仅在线上私域流量池举办各种活动，用户体验感会越来越弱，进而造成用户流失。尤其是对于拥有实体店的企业来说，通过一些活动实现线上线下联动，把线上流量引导到线下消费，是非常重要的用户运营策略。

例如，某知名火锅品牌的"番茄牛肉饭""鸡蛋面筋""海鲜粥"等美食的食用方法以短视频的形式发布在抖音平台上并受到追捧。许多年轻人纷纷到门店挑战，使线上用户到店消费时DIY（Do It Yourself，自己动手制作）美食成为一种时尚。该店还会在年轻用户点餐时，主动询问用户是否要"抖音同款"，并为用户提前准备好各种"网红套餐"。

线上"种草"，线下打卡的方式已经成为年轻用户日常生活的一部分，同时这种线上线下联动玩法能够给线下店铺引得更多的流量，转化为实际的销售额。很多短视频平台也非常支持这种玩法，例如，抖音的店铺定位功能、抖店功能、展示门店功能等。"抖店"作为POI（Point of Information，即信息点）兴趣点的入口，用户浏览相关的短视频时，能够一键进入品牌的专属POI页面，了解包含名称、定位、产品等在内的更多信息，还可以领取卡券，直接激发消费。再如，小红书上线的"门店打卡"功能，增加门店POI详情界面，在笔记中增加了添加位置链接的功能，用户可以通过点击链接，直接跳转查看门店的详细信息。

为了能够更好地吸引线上的用户到店消费，并在消费之后继续线上反馈，企业就需要设计线上线下联动趣味玩法，如图8-3所示。

图8-3　线上线下联动趣味玩法的一般流程

## （1）线上提前预热

要想吸引线上用户到线下消费，企业首先要做好线上预热。具体来说，在线上预热环节，企业可以做好以下几项工作，让用户和粉丝知道企业的线下实体店正在开展活动，并吸引用户参与进来。

**一是通过短视频或者利用公众号推文展开有关实体店的话题征集活动，点赞最高的用户可以到店领取相应的礼品或者得到一定的折扣。**

例如，某知名品牌蛋糕店从单一经营模式向线上线下双轨模式转型。七夕节当天在微信公众号上开展七夕最甜情话征集活动：用户到实体店消费后可获得购物小票，然后在购物小票的背面写上一句情话，拍照上传到微信公众号的评论区，即可参加活动，最终投票选出的前13名用户可以获得奖品。结果显示七夕节活动当天，该店的到店消费人数超过5000人次，为实体店带来了近22万元的销售额，成功通过线上活动带动线下实体店客流。

**二是将优惠券设置成产品，开展"1元购买实体店××元无门槛优惠券"活动。**一般用户首次消费后，再次到实体店用券消费的可能性就更高。

**三是开展多人拼团活动。**拼团活动可以让用户主动拉人一起购买，既能带动销量，又能促进获客拉新。

**四是折扣活动。**企业可以在短视频的内容中、短视频下方的评论区、文章或者企业号的动态中向用户预告实体店近期的折扣活动，例如，某款限量款产品限时秒杀，吸引用户到店消费。

　　企业要先在线上各个平台通过发布各种形式的活动吸引用户的注意，这种方式既能提前预热，也能为吸引用户到实体店消费做铺垫。

## （2）线下实体店改造

　　对一部分的消费者来说，去网红店打卡已经成为一种既定的习惯。当他们到网红店消费后，拍照上传到个人社交账号（包括朋友圈、微博、小红书、抖音等平台）也已经成为一种趋势。所以企业除了要精心设计线上预热活动引导用户到线下实体店消费，还要注重对线下实体店的网红化改造，包括门店装修风格、产品名称设计、服务人员服饰设计、餐品的流行搭配等。线下实体店改造完成之后，还要拍摄能够展示店内环境和特色的短视频并将其发布到企业号上，一方面有助于进一步吸引线上的用户到店消费；另一方面也给到线下实体店消费的用户营造干净的、新潮的、具有吸引力的拍照分享的环境，为用户的进一步裂变提供动力。

## （3）线上线下联动

　　线上线下联动主要体现在线上、线下同时开展某项活动。

　　例如，用户关注企业号成为粉丝再到线下实体店消费即可享受一定的折扣优惠，如果用户在消费后再将实际体验拍摄成图片或短视频并反馈到企业号的评论区，就可以获得

××大礼包，同时可以升级为实体店的一级会员，终身享受一级会员的所有福利。

这种线上线下联动的方式不但可以将线上的普通用户转变为私域用户，还能够最大化地激发私域用户的消费力，增强私域用户的黏性。

随着短视频的火热发展，线上观看短视频，线下"打卡"也已经成为众多用户的一种消费习惯。对企业来说，通过设计线上线下联动的活动，把线上流量引流到线下消费，再通过消费分享让线下用户回流到线上带动裂变，形成良性循环，这将是用户运营的一种有效策略。

## 5 利用产品增强私域流量的黏性

产品是用户和企业号的重要连接点。一方面用户会因为消费产品而成为企业号的粉丝；另一方面用户或粉丝也会因为产品而持续关注企业号。所以，对企业号来说，要想用户能够持续地留在私域流量池里，就要积极围绕新品、爆品、个性化产品开展各种优惠、互动活动，让用户因为期待企业的产品而不流失，如图8-4所示。

### （1）新品

新品是指最新生产或最新上架的产品，企业有节奏地且高频率地推出新品能有效地增强私域流量的黏性。

图8-4　新品、爆款产品及个性化产品的营销活动

　　企业要将新品信息先触达各个私域流量池，包括微信会员、微信群、微信公众号、QQ群、小程序、视频号等，让私域流量池里的用户能够优先看到新品，进而增强私域流量池的黏性。

　　在此基础上，企业号还要针对私域流量开展新品折扣或优惠活动，包括展示新品的价值和特征、做秒杀活动、限时优惠抢购等，让用户不仅可以优先看到新品，还能享受折扣优惠，进而让私域流量池的用户持续关注企业。

## （2）爆款产品

　　爆款产品是一种在很短的时间里，市场的需求陡然剧增的产品。从企业的角度看，爆款产品就是承担企业主体销售额的产品，并承担企业主要利润来源的产品。一款爆款产品不仅能有效地在短时间内让众多用户流入企业的私域流量池，还能有效地增强私域流量的黏性。

具体来说，企业号可以针对私域流量池开展以下活动。

**一是爆款产品赠送活动**。爆款产品一般是热门产品，市场需求大，且适合大众消费，很多用户都希望拥有。所以，企业在私域流量池免费发放赠品，一方面会带给私域用户极大的惊喜感；另一方面也能让私域用户因为期待下一次惊喜赠送而持续关注企业的私域流量池。

出于成本的考虑，企业号在赠送爆款产品时可以限量发放，例如，一次发送20～50个，具体数字还需要企业结合私域流量池的人数。如果私域流量池里有1000人，那么商家可以免费发送20～50个爆款产品；如果私域流量池里有10000人，那么商家可以免费发送200～500个爆款产品。免费赠送的爆款产品数与私域流量池里的人数要成正比。

**二是爆款产品优惠活动**。在某种程度上说，优惠活动可以看作是对没能获得免费爆款产品的私域用户的弥补。企业可以在私域流量池里开展"爆款产品5折购"等活动，也能有效地增强私域流量的黏性。

## （3）个性化产品

狭义上的个性化产品是较之竞争对手在产品整体或产品的某一方面具有该类产品的共性，同时具有其他产品没有的功能与特性。广义上的个性化产品不仅包括式样、功能、外观、品质、包装、设计，而且延伸到产品个性化销售和产品个性化服务方面。在本书中，个性化产品更多的是指广义上能够满足用户个性化需求的产品。某种程度上说，个性化产

品自带流量黏性，它既体现了企业独特的品牌理念，又能将
用户和品牌紧密地联系在一起。具体来说，企业要想通过个
性化产品增强私域流量的黏性，可以做到以下几点。

**一是为私域用户定制产品。** 定制产品区别于一般的普通
产品，定制产品是将每一位私域用户都视为一个单独的细分
市场，根据私域用户的特定需求来制作产品。例如，某戒
指品牌可以按照微信公众号里的粉丝需求定制戒指的字样、
花纹。

**二是私域用户优先享受。** 例如，某品牌的个性化产品只
向私域用户提供，既能充分满足私域用户的优越心理，又能
有效地增强了私域用户与品牌间的黏性。

**三是定期推出小众产品。** 小众产品也是个性化产品的一
种，小众产品是小众需求的产品，这种产品的特点是客户分
散、需求表现分散、信息分散，在个性消费时代，这些特点
尤为突出。定期推出的小众产品与上架新品有一定的相似之
处，但是两者的区别在于小众产品是充满情怀以及重视小众
群体感受的存在。这一特性会使用户一旦成为企业的私域用
户，就比较忠诚，因为他们会十分期待企业再出创意十足的
小众产品。因此，企业通过小众产品增强私域流量的黏性，
也是一个重要的营销方向。

可以说，通过产品增强私域流量的黏性是一件一举两得
的事情，企业既提升了产品销量，又增强了私域用户与企业
之间的黏性。

## 6 用户运营的本质：升级版的CRM

私域流量是企业可以任意频次直接触达到用户的渠道，它是伴随着互联网快速发展而出现的一个新概念。虽然它是一个新的概念，但在社交媒体还没有普及的时候，它已然存在。那时私域流量就是客户的联系方式，包括电话号码、邮箱和家庭住址等。企业想要联系客户，就可以通过打电话、发短信或发邮件的方式联系他们。企业也可以实现多次触达和使用，例如，日用品商家向购买牙膏的客户推荐牙刷后，也可以向用户推荐毛巾。

对企业来说，那时的私域流量就是客户的通讯录，企业所做的工作也被称为CRM（Customer Relationship Management，客户关系管理），包括记录客户的数据、联系方式，适时地给客户发短信、寄样品，促进客户下单。

随着社交媒体的快速发展，企业所做的用户运营本质上就是一种升级版的CRM。企业由过去的发短信、发邮件，转变成通过微信、微信公众号、朋友圈、小程序、视频号等方式联系客户，向用户推荐自己的产品和店铺，告知用户店铺的各种活动消息。虽然形式升级了，但本质上依旧是在做客户关系管理。这种交互方式更像是和朋友在交谈，因此会让用户感觉亲切，互动效率也更高。

一份腾讯和BCG（波士顿咨询公司）的报告显示，许多线下门店的CRM从传统的"电话+门店+短信"的管理模

式转变为社交私域运营模式，有效互动客户数量可以增加
1.5~2倍，沟通效率提高3~4倍，单次平均互动时长提高
2~3倍。这些数据显示升级版的CRM有着更高的沟通效率，
也能更广泛地扩大客户量。

可以看出，精细化地管理客户对企业有着重要意义，下
面笔者就企业如何做好升级版的CRM提供几点方向。

### （1）用户分级精细化管理

用户分级精细化管理，就是企业根据用户对于企业的贡
献率等各个指标进行多角度衡量与分级管理，包括用户的信
用状况、用户的下单金额、用户的发展前景等。分级管理的
目的是发现用户的特点，了解用户的需求，进而有针对性地
为用户推荐产品，实现营销。

具体来说，企业可以将优质资源与优质目标用户相匹
配，使得资源能够更加高效和精准地利用。例如，某品牌以
月消费金额对用户进行等级划分，月消费额大于10万元的用
户进行人力、物力、财力的重点分配，保证所分配的资源能
得到最大化的投入产出比。

用户分级完成后，企业要针对不同层级的用户制定相应
的运营策略，这样有利于筛选出更多优质的用户群体，让他
们享受到更优质的服务，并促进他们不断产生价值。

### （2）用户分类精细化管理

用户分类精细化管理，就是根据用户的操作行为和特征

进行区分。例如，很多企业号在研究用户时，常常将用户按年龄、性别、地区或消费行为特征等进行分类。再如，很多企业会根据用户的活跃时间、购买类型进行分类，并做好用户画像和用户标签。虽然这些分类方法也可以用作用户关系管理，但是这种用户分类管理并不利于精准地营销，反而还有可能浪费了很多不必要的营销推广费用。

精准的用户分类方法是根据用户需求的认知阶段来进行分类。大部分用户对产品或需求都有自己的认知阶段，处于不同认知阶段的用户，需要处理的需求也是不一样的。例如，一个用户发现自己长胖了，这时用户的需求认知处于"我为什么长胖了""我怎么又长胖了"的阶段，如果企业此时直接向用户推荐减肥产品，用户可能会抗拒，因为用户目前的认知还没有到自己要使用哪种减肥产品的阶段。如果企业向该用户推送"人为什么会长胖"这样的内容，就比较符合该用户的认知阶段，不但会被用户接受还会让用户觉得企业很"懂自己"。

一般来说，用户需求的认知分为三个阶段，如图8-5所示。

**一是迷茫型用户，即用户不知道自己的问题是什么。**例如，用户的皮肤变差，但他不知道是什么原因导致的。此时企业要做的就是帮用户意识到问题出现的原因并提出解决方案，再对用户进行下一步的产品推广。

**二是主动搜集信息型用户，即用户对自己的问题和需求有感知，但是还不知道自己该用什么产品，正处于搜寻产品**

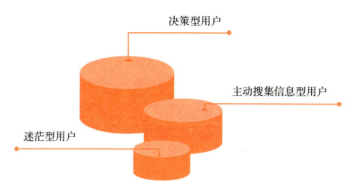

图8-5 用户需求的三个认知阶段

**的状态中。**企业要重点向这类用户推荐符合需求的产品，告知用户为什么选择这款产品就可以解决问题。

**三是决策型用户，即对自己的需求非常明确的用户。**例如，用户很想买一款手机，已经确定了手机的品牌，但是他还缺乏一些立即行动的动力。此时企业要及时进行优惠措施、提出活动价格等，激发用户快速下单。

因此，在做用户分类精细化管理时，越是具有针对性的用户分类，越是能够引起用户的信任，引流也会更高效。

### （3）用户分阶段精细化管理

用户分阶段精细化管理，就是按照企业和用户相处的前期、中期和后期阶段做分阶段的精细化运营，这与用户分类精细化管理有些类似。

企业要根据不同阶段的用户制定不同的运营策略。例如，在相处前期，用户刚接触产品，他们是最懵懂的，这个时候适当地抛出相应的优惠奖励对用户的吸引力会比较大；相处中期的用户，这时他们对产品已经有了一定的了解，优惠、促销等福利可能无法满足这类用户了，企业号就要考虑用户尚未做出购买决策的原因是什么或者用户使用产品后的体验如何等问题；相处后期的用户，他们已经对产品有了很深的了解，这时候企业就要去想该如何让用户留存，如何激发用户通过分享带动裂变。

分阶段精细化管理可以和建立私域流量池联系在一起，即针对不同阶段的用户建立不同的流量池。例如，分别建立"初识""热恋""蜜月"三个不同的微信群，处在前期的用户都加入"初识"微信群，处在中期的用户都加入"热恋"微信群，处于后期的用户都加入"蜜月"微信群。随着和用户相处的阶段不断发展，"初识"慢慢地可以改成"热恋"，"热恋"慢慢地可以改成"蜜月"，这样不仅有助于企业对私域用户做精细化管理，还能让私域用户感受到企业的用心和投入的情感，可谓一举两得。

总之，用户运营的本质就是升级版的客户关系管理，企业只需要将传统的客户关系管理的理念、策略针对私域流量池的特点进行升级、改进，就可以实现比较理想的私域用户运营的效果。